Partner, Freunde und Gefährten

Mensch-Tier-Beziehungen der Antike, des Mittelalters und der Neuzeit in lateinischen Texten

herausgegeben von

Gabriela Kompatscher Gufler – Franz Römer – Sonja Schreiner

HOLZHAUSEN
DER VERLAG

Wien 2014

Impressum

Herausgeber:

Gabriela KOMPATSCHER GUFLER
Institut für Sprachen und Literaturen / Latinistik, Universität Innsbruck

Franz RÖMER
Institut für Klassische Philologie, Mittel- und Neulatein, Universität Wien

Sonja SCHREINER
Institut für Klassische Philologie, Mittel- und Neulatein, Universität Wien

Eigentümer & Verleger:
Verlag Holzhausen GmbH, Leberstraße 122, A-1110 Wien, Österreich, Verlagsleitung: Robert Lichtner

Lektorat & Redaktion:
Sonja Schreiner

Bildnachweis Umschlag:
1. „Froschi" (Photo: Elisabeth Klecker)
2. Der arme Sänger (Arion auf dem Delphin). Aquarell auf cremefarbenem Karton;
bezeichnet: „Der arme Sänger. Ballade von J. v. Zedlitz, gemalt von M. Kern 1841"
(Wikimedia Commons, Gemeinfrei: http://de.wikipedia.org/wiki/Datei:Kern_Arion_auf_dem_Delphin.jpg)

Diese Publikation wurde mit finanzieller Unterstützung aus den Fördermitteln des Vizerektorats für Forschung der Leopold-Franzens-Universität Innsbruck und des Dekanats der Philologisch-Kulturwissenschaftlichen Fakultät der Universität Wien gedruckt.

Verlagsort: Wien – Herstellungsort: Wien – Printed in Austria

1. Auflage 2014

ISBN: 978-3-902976-26-0

Bibliografische Informationen der Österreichischen Nationalbibliothek und der Deutschen Nationalbibliothek:
Die ÖNB und die DNB verzeichnen diese Publikation in den Nationalbibliografien; detaillierte bibliografische Daten sind im Internet abrufbar. Für die Österreichische Bibliothek: http://onb.ac.at, für die Deutsche Bibliothek: http://dnb.ddb.de.

www.verlagholzhausen.at

ANIMAL AD HOMINEM:

„Weine nicht, weil ich jetzt schlafe.
Denk daran, wie schön es war.
Hab Dank, dass wir einander hatten
und dass Du mich hast gehen lassen.“

OMNIBUS QUI INTELLEGUNT.

Inhaltsverzeichnis

Vorwort

Adoptiere einen Hund, und du wirst wild entschlossene Liebe bekommen.
(frei nach Rudyard Kipling)

Auf vielfältige und eindrückliche Weise belegen literarische und wissenschaftliche Texte sowie bildliche Darstellungen aus der Antike, dem Mittelalter und der Neuzeit die menschliche Zuneigung gegenüber Tieren. Die neuzeitlichen Zeugnisse sind, wohl auch auf Grund der besseren Überlieferungslage, zahlenmäßig mehr und zum Teil auch von intensiveren Emotionen und größerer Individualität getragen;[1] ihre Summe lässt jedenfalls unschwer erkennen, dass Tierschutz kein (ausschließlich) modernes Phänomen ist. Vielmehr zeigen AutorInnen und Kunstschaffende aus dem gesamten europäischen Raum – und das ist bis weit in die Neuzeit mit „weltumspannend" gleichzusetzen – über einen Zeitraum von mehreren Jahrtausenden, wie sehr ihnen bzw. ihren ProtagonistInnen das freundschaftliche Verhältnis zu Tieren und deren Schutz am Herzen liegt. In größerem Umfang begegnet man dem literarischen Ausdruck einer verinnerlichten Mensch-Tier-Beziehung erstmals in der Dichtkunst des Hellenismus (3./2. Jh.), doch schon die homerische *Odyssee* hat einen treuen Hund unsterblich gemacht: Argos stirbt erst, nachdem er die Rückkehr seines Herrn Odysseus (nach zwanzig Jahren!) erlebt hat. Geradezu zeitlos ist das Gedicht des Luxurius (6. Jh.) auf ein Schoßhündchen, das noch moderne HundefreundInnen begeistert. Texte auf verstorbene Hunde bringen die Trauer und die Liebe ihrer menschlichen GefährtInnen zum Ausdruck, wie das Gedicht des Abtes Theoderich von St. Trond aus dem 11. Jh. auf sein Hündchen Pitulus oder die Novelle aus dem 15. Jh. vom Priester, der seinen verstorbenen Hund auf geweihtem Boden begräbt. Daneben nehmen in der vorliegenden Publikation Erzählungen über Heilige und deren Begegnungen mit Wildtieren breiten Raum ein: Sie schützen verfolgte, retten gefangene, pflegen verletzte und füttern hungrige Tiere; Franz von Assisi kauft aus Mitleid sogar Tiere frei. Erstaunlich ist überdies der zärtliche Umgang der mittelalterlichen TierfreundInnen mit ihren Schutzbefohlenen und die in den Texten geschilderten Emotionen: Mitgefühl mit Tieren in Bedrängnis, Stolz auf die langjährigen GefährtInnen, Liebe und Zuneigung zu ihnen und der Wunsch, Tiere in die Arme zu nehmen und zu streicheln. Umgekehrt werden auch Gefühle von Tieren

---

[1] Die Medien, die sich dem Thema widmen, haben stets dem jeweiligen Zeitgeist Rechnung getragen: So sind zu Büchern, Gedichten, Porträts und Plastiken in den letzten Jahrzehnten neben Dokumentationen (z.B. *Hannes Jaenicke. Im Einsatz für Orang Utans*, ZDF 2012) Filme und Serien (auf Basis von Romanen oder realen Begebenheiten) hinzugekommen (z.B. die englische Erfolgsserie *Der Doktor und das liebe Vieh*, die auf den Aufzeichnungen des Landtierarztes James Herriot – eigentlich: James Alfred Wight – beruht). Vgl. Jim WIGHT, The Real James Herriot: The Authorized Biography, London 2000.

beschrieben, wie etwa die Trauer einer Kuh um ihr Kalb – *Mater tristissima effecta est* („Die Mutter wurde sehr traurig") heißt es –, und das Bestreben der involvierten Menschen, diese Trauer zu lindern; Emotionen von Tieren also, welche durch die moderne Verhaltensforschung mittlerweile bestätigt wurden.[2] Erstmals ist in diesem Buch auch eine Fülle von (lateinischen und volkssprachlichen) Texten zu Hunden, Delphinen und Haus- und Wildtieren bei Plinius dem Älteren zusammengestellt und unter Heranziehung moderner wissenschaftlicher Literatur aus verschiedenen Sparten (Literaturwissenschaft, Geschichte, Verhaltensforschung, Zoologie und Tierethik) kommentiert und interpretiert. Das Nebeneinander von Originaltexten und Übersetzungen ermöglicht Zugänge von verschiedenen sprachlichen Niveaus aus. Die Konzeption ist insofern neuartig, als es bisher nur eine Handvoll ansatzweise vergleichbarer Publikationen gibt,[3] die einem zu Beginn des 21. Jhs. spürbaren gesellschaftlichen Paradigmenwechsel Rechnung tragen, der nicht mehr nach dem ökonomischen, sondern nach dem emotionalen Wert und den Rechten[4] von Tieren fragt,

---

2 Die Bandbreite ist groß: Menschenaffenmütter trauern um ihre toten Babys und tragen sie tagelang mit sich herum. Pinguine versuchen ihre Jungen „aufzuwecken", wenn sie längst Opfer extremer Kälte geworden sind. Es gibt sogar einen Videobeweis dafür, dass der überlebende von zwei auf einer Straße verunfallten Hunden seinen toten Kameraden trotz eigener Gefährdung in Sicherheit zu bringen versucht.
Der Akita Inu Hachiko – berühmt geworden durch den Film *Hachiko: A Dog's Story = Hachiko: Eine wunderbare Freundschaft* (USA 2009) mit Richard Gere in der menschlichen Hauptrolle (http://www.stadthunde.com/magazin/lifestyle/freizeit/hachiko-richard-gere.html; 21.07.2014) und durch eine Statue am Tokioter Bahnhof verewigt – wartete über mehrere Jahre in unerschütterlicher Treue auf seinen Herrn, nachdem dieser unerwartet verstorben war.
Erst im März 2014 ging ein Photo um die Welt, auf dem zu sehen ist, wie eine Giraffe im Zoo von Rotterdam ihren todkranken Pfleger wie zum Abschied noch ein letztes Mal zart anstupst (http://www.focus.de/panorama/welt/sein-letzter-wunsch-war-ein-besuch-im-zoo-giraffe-verabschiedet-sich-von-sterbenden-pfleger_id_3708061.html; 21.07.2014).

3 Z.B. Gabriela KOMPATSCHER / Albrecht CLASSEN / Peter DINZELBACHER, Tiere als Freunde im Mittelalter. Eine Anthologie, Badenweiler 2010. – Rez.: Anzeiger für die Altertumswissenschaft 64 (2011), 95-99 (Sonja Schreiner). – Stephen T. NEWMYER, Animals in Greek and Roman thought. A sourcebook, London [u.a.] 2011 (Routledge sourcebooks for the ancient world).

4 2014 wurde die Forderung erhoben, Delphinen Menschenrechte zuzusprechen. Vergleichbares wurde schon vor längerem für Menschenaffen diskutiert: Bereits in den 1960er Jahren erwogen Jane Goodall und ihr Mentor, der Anthropologe Louis Leakey, aufgrund des Werkzeuggebrauchs durch Schimpansen eine Neubewertung dessen, was den Menschen zum Menschen macht; Jane Goodall legt aber bis zum heutigen Tag großen Wert darauf, Schimpansen, Gorillas, Orang Utans und Bonobos nicht mit menschlichen Maßstäben zu messen, da man ihnen damit ebenso wenig gerecht wird wie dem Menschen; denn mag er entwicklungsgeschichtlich auch zu den Affen zu rechnen sein, hat die Evolution doch die entsprechende Bifurkation mit sich gebracht. – Zu Jane Goodalls mittlerweile weltumspannenden Aktivitäten vgl. http://www.janegoodall.at/ (21.07.2014). – Zum Miteinander von Menschen und Schimpansen vgl. Colin MCADAM, Eine schöne Wahrheit. Roman. Aus dem kanadischen Englisch von Eike Schönfeld, Berlin 2013 (Orig.: *A Beautiful Truth*, Hamish Hamilton Canada 2013).

denn ursprünglich minoritäre Tendenzen haben mittlerweile breite Aufmerksamkeit erlangt:[5]

Bücher wie *Anständig essen* von Karen Duve – ein Wortspiel mit der eigentlichen, das ethisch richtige Verhalten hervorhebenden Bedeutung von „anständig" – landen auf *Bestseller*-Listen.

Es werden Artikel in der *Zeit*, der *Frankfurter Allgemeinen Zeitung*, im *Standard* etc. publiziert, die z.T. provokant und schonungslos menschliches Verhalten gegenüber Tieren beleuchten – manche Tiere essen wir, andere streicheln wir, vielen schreiben wir den Stellenwert von Familienmitgliedern zu.[6]

Die Diskussion, ob und wie weit der Mensch berechtigt sei, Tiere für seine Zwecke zu verwenden, wird akademisch geführt, und eine neue wissenschaftliche Disziplin etabliert sich, die *Human-Animal Studies*:

Es entstehen Forschungszentren zu Mensch-Tier-Beziehungen wie das Messerli Forschungsinstitut in Wien[7] und interdisziplinäre Forschungsinitiativen an zahlreichen Universitäten wie Berlin (*Chimaira*), Hamburg (*GSA*), Basel (*mensch tier kritik. Interdisziplinärer Zusammenschluss zur kritischen Auseinandersetzung mit dem Mensch-Tier-Verhältnis*), Konstanz (*Forschungsinitiative Tiertheorien*), Canterbury in Neuseeland (*New Zealand Centre for Human-Animal Studies*) u.v.a.m.

Es werden Studiengänge zu *Human-Animal Studies* eingerichtet, z.B. ein „Interdisziplinärer Master Mensch-Tier-Beziehung" an der Veterinärmedizinischen Universität Wien; in Basel gibt es ein Doktoratsprogramm für JuristInnen: „Law and Animals: Ethics at crossroads". Im anglophonen Raum haben *Human-Animal Studies* eine längere Tradition, daher ist die Entwicklung der Disziplin in diesen Ländern schon weiter fortgeschritten und im Bildungssystem breiter verankert:

---

5 Zu den folgenden Entwicklungen, die 2012 von Gabriela Kompatscher erfasst wurden (vgl. auch ihr Vorwort zu Chris MOSER, M.E., 2013) und hier in aktualisierter Form angeführt werden, siehe auch CHIMAIRA – Arbeitskreis für Human-Animal Studies (Hg.), Tiere, Bilder, Ökonomien – Aktuelle Forschungsfragen der Human-Animal Studies, Bielefeld 2013, 7-9.

6 „Über Fleisch. Industrieprodukt auf unserem Teller", Hilal Sezgin (Le monde diplomatique, 11.11.2011); „Tiere sind auch nur Menschen. Wer darf wen töten und warum? Es gibt keine ethische Begründung für die Schlachthäuser. Ein Plädoyer für den Vegetarismus", Iris Radisch (Die Zeit, 16.08.2010) u.v.a.
Zu(r Überschreitung der) Grenzen von „Kunst" äußerte sich erst jüngst mehrfach ebenso klug wie kritisch Kurt Kotrschal, der Leiter des Wolfsforschungszentrums Ernstbrunn bei Wien (http://www.wolfscience.at/de/; 21.07.2014). Seine Kommentare riefen breites mediales Echo hervor: http://diepresse.com/home/meinung/wisskommentar/1557825/Die-Verrattung-des-menschlichen-Ebenbildes_Darf-Kunst-denn-alles (21.07.2014); weiters http://diepresse.com/home/meinung/wisskommentar/1563967/Ratten-und-die-Regierungspolitik_Zum-Kotzen (21.07.2014).

7 http://www.vetmeduni.ac.at/de/messerli/ (21.07.2014).

Margo DeMello berichtet in ihrem Buch *Teaching the Animals* (2010), dass es allein in Nordamerika an Colleges, Universitäten und Law Schools über 300 Kurse und Lehrveranstaltungen zum Thema *Human-Animal Studies* gibt; Universitäten in Australien, Neuseeland, Großbritannien und Israel haben sich in diesem Bereich ebenfalls schon einen Namen gemacht. Auch gibt es in Großbritannien und in den USA bereits Lehrstühle für Tierrechte.

Es bilden sich Zusammenschlüsse auf akademischer Ebene wie z.B. in Tirol mit „LIFE – Universitäre Interessengemeinschaft für Tierrechte" (http://www.life-tierrechte.org/) und dem Innsbrucker *Human-Animal Studies*-Team, die einschlägige Fortbildungen für LehrerInnen sowie Lehrveranstaltungen für Studierende anbieten.

Parallel dazu wird in vielen Lebensbereichen an einer Umsetzung dieser neuen ethischen Haltung gearbeitet:

Das Projekt „Fleischfreier Donnerstag" bzw. „Fleischfreier Montag" wurde inzwischen in vielen europäischen und außereuropäischen Städten wie Gent, Köln, Lausanne, San Francisco, São Paolo etc. umgesetzt;

Supermärkte bieten eigene vegetarische und vegane Linien und Drogeriemärkte tierversuchsfreie Kosmetiklinien an;

traditionelle Gasthäuser servieren vegane Menüs;

Versuche an Menschenaffen sind in vielen Ländern – aber bei weitem noch nicht in allen – verboten. An Alternativen zu Tierversuchen wird generell gearbeitet. Kritik an der Tierversuchspraxis wird immer lauter.[8] In besonderen Fällen löst das Töten von Tieren (fälschlich als „Euthanasierung" bezeichnet) weltweite Proteste aus.[9]

Dies alles ist nicht aus dem Nichts entstanden, TierfreundInnen und WissenschaftlerInnen im Bereich der Mensch-Tier-Beziehung haben VorgängerInnen in Antike, Mittelalter und Neuzeit: Bereits im Altertum wurde der Umgang mit Tieren thematisiert, es wurden Diskussionen über Vegetarismus geführt, z.T. mit den gleichen Argumenten, die heute noch Gültigkeit haben, wie etwa von Plutarch in seinem Werk über das Fleischessen, *De esu carnium*, in welchem er für den Vegetarismus plädiert; er schreibt den Tieren Gefühle und Vernunft zu, sie müssten gerecht behandelt werden, daher dürfe man sie auch nicht töten, um sie zu essen. Der Philosoph Celsus (2. Jh. n. Chr.) vertrat die Ansicht – so ist es zumindest aus Origenes' *Contra Celsum* zu rekonstruieren –, dass Tiere intelligente und zu moralischem Verständnis fähige Wesen seien und dass die Welt nicht allein für den Menschen existiere. Auch zu diesem Thema bietet das vorliegende Buch vielfältige Lektüremöglichkeiten.

---

8 http://www.spiegel.de/wissenschaft/medizin/lawinen-experiment-forscher-lassen-schweine-im-schnee-sterben-a-671990.html (21.07.2014).

9 http://diepresse.com/home/panorama/welt/1560615/Giraffe-zerlegt_Marius-im-Kopenhagener-Zoo-getotet (21.07.2014).

Bei der Betrachtung der innigen Beziehungen zwischen Mensch und Tier und der Verbesserungstendenzen bezüglich des Mensch-Tier-Verhältnisses in Geschichte und Gegenwart lässt sich also von einer anthropologischen Konstante, einem Wesenszug des Menschen, sprechen. Innige Beziehungen zu Heimtieren werden oft als speziell westlich und als Charakterzug einer dekadenten Gesellschaft beurteilt, tatsächlich aber beweisen Texte sowie Untersuchungen, wie etwa jene von James Serpell (*In the company of animals. A Study of Human-Animal Relationships*, Cambridge 1986; ^{2}1996), dass liebevolle Beziehungen zwischen Menschen und Tieren quer durch Zeiten und Kulturen gepflegt werden, von der chinesischen Han-Dynastie, in der Hunde wie Prinzen und Prinzessinnen behandelt wurden, über das Interspezies-Mothering (inklusive Namensgebung, Verwöhnen, Betrauern im Todesfall) in den verschiedensten Kulturen (z.B. in den Hochländern von Neu Guinea) bis hin zur Teknonymie bei einigen Völkern auf Borneo. Der ethnologische Terminus „Teknonymie“ bezeichnet den Brauch, Eltern eines Neugeborenen statt mit ihren eigenen Namen oder ihrem jeweiligen Verwandtschaftsgrad mit dem Namen des Kindes zu bezeichnen, also „Vater des / der…“ oder „Mutter des / der…“. An die Stelle des Kindes kann auch das Lieblingstier treten, wodurch der Status des Haustieres als Familienmitglied auch auf der Ebene der Namensgebung markiert wird. Natürlich darf auch das Gegenteil nicht verschwiegen werden: In vielen Ländern (auch in Europa) gibt es immer noch Opferriten, in deren Verlauf Tiere geschlachtet werden – von der Realität auf vielen Pelzfarmen ganz zu schweigen. In die vorliegende Textauswahl haben diese Themen keinen Eingang gefunden, da ein bewusstes Gegengewicht gesetzt werden sollte – in dem Bewusstsein, dass auch die positive Seite der Mensch-Tier-Beziehung nie für alle Menschen im Vordergrund stand, wenngleich häufig eine wohl angeborene, kulturell beeinflusste Biophilie[10] zu konstatieren ist. All das kann uns vielleicht als Antwort auf die Frage nach dem „Warum?“ dienen: Warum ist uns Fairness gegenüber der Tierwelt ein Anliegen? Und dieses Anliegen scheint immer dringlicher zu werden; Doris Griesser spricht in einem Artikel im *Standard* (22.05.2012) von einem „wachsende[n] Unbehagen an unserem Umgang mit Tieren“, das sich in der westlichen Welt bemerkbar mache.[11]

Sorge um Tiere und freundschaftliche Beziehungen zu Tieren wirken Generationen verbindend, Geschlechter verbindend, Parteien verbindend, Nationen verbindend – Punk steht neben Bankkauffrau, Künstler neben Technikerin, Wissenschaftlerin neben Handwerker, Pensionistin neben Schüler, weil sie alle ebenfalls das

[10] Biophilie bezeichnet die Veranlagung des Menschen, sich für alles Lebende zu interessieren, eine Veranlagung, die durch Lernen und „kulturelle Einflüsse geformt wird“, vgl. Carola OTTERSTEDT / Michael ROSENBERGER (Hgg.), Gefährten – Konkurrenten – Verwandte. Die Mensch-Tier-Beziehung im wissenschaftlichen Diskurs, Göttingen 2009, 182.

[11] „Die Hackordnung zwischen Mensch und Tier. In der westlichen Welt macht sich ein wachsendes Unbehagen an unserem Umgang mit Tieren bemerkbar“, Doris Griesser (standard.at, 22.05.2012).

genannte Unbehagen spüren und einen Spezies, also Arten verbindenden Prozess in Gang bringen wollen.

Durch die wissenschaftliche Beschäftigung mit dem Thema kommt zudem ein Disziplinen verbindendes Element hinzu: Von der Rechtswissenschaft über die Sprach- und Literaturwissenschaft, Theologie, Geschichte, Philosophie, (Veterinär)medizin bis hin zu den Erziehungs- und Sozialwissenschaften unternehmen WissenschaftlerInnen eine Dekonstruktion der von manchen als künstlich bezeichneten, jedenfalls kulturell gewachsenen (und über lange Zeit auch wissenschaftlich begründeten) Mensch-Tier-Grenze. Auf sozialer Ebene ist also ein Wertetransfer im Gange, auf wissenschaftlicher ein *animal turn*;[12] diese gesamtgesellschaftliche Bewegung ist nicht aufzuhalten, sondern *crescit eundo*, wie Vergil in der *Aeneis* (IV, 175) über die Fama, das Gerücht, sagt: Es wächst beim Gehen – immer mehr TierfreundInnen und WissenschaftlerInnen kommen damit in Kontakt, immer mehr lassen sich davon überzeugen und tragen das Ihre zur Weiterentwicklung bei.

Das Verhältnis zwischen Mensch und Tier ist auf jeden Fall nicht mehr Privatsache. Das diffuse Mitleidsgefühl und das vage Wissen vieler TierfreundInnen, dass Tiere nicht für den Menschen geschaffen sind, wie Cicero (*De natura deorum* II, 153-61) noch glaubte, sondern Eigenwert besitzen, erhalten durch die öffentliche Diskussion, wie etwa 2012 beim *Philosophicum* in Lech, Rückenwind. Die Energie und die Dynamik, die sich daraus entwickeln, haben die Kraft, einen Paradigmenwechsel herbeizuführen, der unsere zukünftige Gesellschaft in ihrem Umgang mit Tieren maßgeblich prägen wird.

Das vorliegende Lesebuch eignet sich daher – neben seiner Funktion als Florilegium für Tierliebhaber und Tierschützer, die sich auch mit Texten befassen wollen, die bisher noch nicht in ihrem Fokus waren – auch hervorragend zur Verwendung im Latein- und Geschichteunterricht. Viele Texte regen zum Nachdenken an und sensibilisieren, ohne mit dem erhobenen Zeigefinger zu belehren. Die Erfahrung hat gezeigt, dass SchülerInnen verschiedener Stufen vor allem bei lateinischen Texten, in deren Zentrum Tiere als respektierte Koexistierende stehen, leicht einen lebensweltlichen Bezug herstellen und somit sehr bald große Motivation zur Bearbeitung derartiger Texte entwickeln können.[13]

---

12 Harriet RITVO, On the Animal Turn, Daedalus 4 (2007), 118-122, hier 118.

13 Anregungen für den Einsatz der in diesem Buch versammelten und interpretierten Texte im Schulunterricht können Arbeitsaufgaben geben, deren kostenloser Download auf folgenden Websites (https://kphil.ned.univie.ac.at/node/124658 und http://www.uibk.ac.at/sprachen-literaturen/grlat/mitarbeiterinnen/gabriela-kompatscher-gufler/) zur Verfügung steht. Einige der Arbeitsaufgaben sind so konzipiert, dass die SchülerInnen zur Diskussion ermuntert werden und Parallelen zur heutigen Sichtweise auf das Verhältnis zwischen Mensch und Tier ziehen können (Kuscheltiere vs. sog. „Nutz"-Tiere, industrielle Tierausbeutung vs. Tierbefreiungsbewegungen etc.). Die Anbindung der ausgewählten Texte an die Module *Gestalten und Persönlichkeiten aus Mythologie und Geschichte – Der Mensch in seinem*

Die Texte selbst bieten sich zudem als Basis für einen interdisziplinären Unterricht an (Ethik, Sozialkunde, Biologie etc.), der u.a. die neue Disziplin der *Human-Animal Studies* miteinbeziehen kann.[14]

Neun der vorliegenden Texte konnten samt Übersetzung mit freundlicher Genehmigung des Wissenschaftlichen Verlages Dr. M. Bachmann aus dem Buch von Gabriela KOMPATSCHER / Albrecht CLASSEN / Peter DINZELBACHER, *Tiere als Freunde im Mittelalter. Eine Anthologie* (Badenweiler 2010) entnommen werden.

Die Übersetzungen der übrigen Texte wurden teils neu erarbeitet, teils aus Publikationen übernommen (im letzteren Fall wurde die Graphie der jeweiligen Quelle beibehalten).

Der Dank der Autorinnen und des Autors gilt dem Vizerektorat für Forschung der Leopold-Franzens-Universität Innsbruck und dem Dekanat der Philologisch-Kulturwissenschaftlichen Fakultät der Universität Wien für großzügige finanzielle Förderung in Zeiten chronischer Ressourcenknappheit, dem Verlagsleiter des Holzhausen Verlags, Robert Lichtner, für seine Professionalität, Kreativität und Offenheit diesem Projekt gegenüber – und dem Institutsvorstand des Instituts für Klassische Philologie, Mittel- und Neulatein der Universität Wien, Herbert Bannert: Ohne seine Kollegialität, seine vielfältige Unterstützung, v.a. aber sein Bekenntnis zur Transdisziplinarität hätte dieses Buch nicht realisiert werden können.

Gabriela Kompatscher Gufler – Franz Römer – Sonja Schreiner
Innsbruck / Wien, Juli 2014

Alltag – Suche nach Sinn und Glück – Witz, Spott, Ironie – Fachsprachen und Fachtexte – Rezeption in Sprache und Literatur ist auf unterschiedlichen Ebenen möglich.

14 Siehe Reingard SPANNRING / Karin SCHACHINGER / Gabriela KOMPATSCHER / Alejandro BOUCABEILLE, Disziplinierte Tiere? Perspektiven der Human-Animal Studies für die wissenschaftlichen Disziplinen (erscheint voraussichtlich 2014 im Transcript-Verlag). Weitere Literatur zu *Human-Animal Studies* ist (neben einschlägigen Publikationen zur Mensch-Tier-Beziehung von der Antike bis in die Neuzeit) in einem entsprechenden Verzeichnis am Ende des Buches genannt.

Trauer beim Verlust geliebter Tiere

von Gabriela Kompatscher Gufler

Trauergedicht auf einen vierbeinigen Freund: Theoderich von St. Trond (11. Jh.)

Trauergedichte, auch als Epikedien (Singular: Epikedium, Epikedion) bezeichnet, auf verstorbene Tiere sind bereits aus der Antike bekannt; einige davon lassen sich als literarische Spielerei oder Parodie (wie etwa Catulls Totenklage auf Lesbias Sperling, c. 3) charakterisieren, andere aber offenbaren eine persönliche Anteilnahme am Tod des besungenen Tieres (wie etwa die Gedichte der Anyte von Tegea, 3. Jh. v. Chr., sowie die in diesem Kapitel präsentierten Grabinschriften auf die Hündinnen Margarita, Myia und Patrice).

In Anlehnung an diese klassische Tradition entstand im 11. Jh. ein Gedicht in elegischen Distichen auf den Tod eines Hündchens namens Pitulus. Ebenso wenig, wie der Autor mit Sicherheit zu identifizieren ist (wahrscheinlich Abt Theoderich von St. Trond, † 1107), wird der Zweck des Gedichtes klar; es erhält zwar u.a. durch intertextuelle Bezüge auf das Kurzepos (Epyllion) *Culex*, das lange Zeit dem augusteischen Dichter Vergil (Publius Vergilius Maro) zugeschrieben worden war und heute Teil der sogenannten *Appendix Vergiliana* ist, einen parodistischen Anstrich; doch vielleicht hat der Autor diese literarischen Elemente sogar bewusst zu dem Zweck verwendet, um unter diesem Deckmantel seine Gefühle für ein Tier zum Ausdruck bringen zu können, ohne dafür Kritik zu ernten – ein Abt, der offensichtlich um einen Hund trauert, hätte sich wohl einer Vielzahl von Vorwürfen ausgesetzt, u.a. dem, dass er die Sorge und die Liebe, die er dem Tier entgegenbringt, doch lieber Gott hätte entgegenbringen sollen:

„Flete, canes, si flere vacat, si flere valetis,
  flete, canes: catulus mortuus est Pitulus."
„Mortuus est Pitulus, Pitulus quis?" „Plus cane dignus."
  „Quis Pitulus?" „Domini cura dolorque sui.
Non canis Albanus, nec erat canis ille Molossus
  sed canis exiguus, sed brevis et catulus.
Quinquennis fuerat, si bis foret ille decennis,
  usque putes catulum, cum videas modicum.
Muri Pannonico vix aequus corpore toto,
  qui non tam muri quam similis lepori.
Albicolor nigris faciem gemmabat ocellis."
  „Unde genus?" „Mater Fresia, Freso pater."
„Quae vires?" „Parvae, satis illo corpore dignae,
  ingentes animi robore dissimili."

„Quid fuit officium? Numquid fuit utile vel non?“
„Ut parvum magnus diligeret dominus.
Hoc fuit officium, domino praeludere tantum.“
„Quae fuit utilitas?“ „Non nisi risus erat!
Nullus eum stantem, nullus non risit euntem
quidquid temptabat, cernere risus erat.
Difficilis facilis, saevus modo nec mora mitis
audax magnanimus, mox piger et pavidus.
Exiguo magnum morsu qui laeserat ursum,
exigui muris pertimuit strepitum.
Credo Vertumnis quotquot sunt natus iniquis
par fuerat nulli, dispar et ipse sibi.“
Qualis eras, dilecte canis, ridende dolende,
risus eras vivens, mortuus ecce dolor.
Quisquis te vidit, quisquis te novit, amavit
et dolet exitio nunc, miserande, tuo.
Forsan corvino posuisti membra sepulchro,
inmeritus certe vermibus esca fore.
Care canis, plangende nimis, te nostra poesis
deficit in titulo, namque cares tumulo.
Non tamen inde reus tuus in te Theodericus:
non fueram praesens, cum moriturus eras.
Sed quid obest laudi functorum, non tumulari?
Tot tantique viri mole carent tumuli.
En Cato, vir celebris, famam qui terminat astris,
dicitur exilem non meruisse scrobem.
Et domitor mundi, mundo metuendus ab omni,
Pompeius parvo conditus est loculo.
Thessalia caesus sanctissimus ille senatus
vulturis esca fuit: quid meritis nocuit?
Virtus non bustis includitur atque sepulchris,
sed convexa poli replet et ampla soli.
In tumulando tamen quoddam reor esse levamen,
hinc avibus vel equis facta sepulchra legis.
Psittacus Ovidii tumulo tituloque superbit,
quod dixit moriens lingua „Corinna, vale!“
Magnus et exequias regali funere dignas
claro Bucephalo fecit equo Macedo,
eius et ad laudem praeclaram condidit urbem
illius aequivocam nomine Bucephalam.
Et culicem magni celebravit musa Maronis
et culicis titulum iunxit ad ‚Arma virum‘.
Morte sua vitam servaverat ille poetae,
quem Maro, dum pervenit, nulla sepulchra dedit,
sed facit aeternum carmen, per saecula clarum,
exiguusque culix versibus est celebris.
At titulum Pituli nolo cessisse Maroni:
nobilitabo canem, Virgilius culicem.

flere 2: weinen – **vacare** 1: Zeit haben – **catulus**, -i m.: Hündchen – **Pitulus**: Pitulus; Name des Hundes – **Albanus** 3: Albaneser, eine Hunderasse – **Molossus** 3: Molosser, eine Hunderasse – **exiguus** 3: klein, zart – **brevis**, -e: klein – **quinquennis**, -e: fünf Jahre alt – **bis** (Adv.): zwei Mal – **foret** = *esset* – **decennis**, -e: zehn Jahre alt – **usque** (Adv.): immer noch – **catulus**: hier: Hundejunges – **mus**, -ris m.: Maus – **Pannonicus** 3: pannonisch – **lepus**, -oris m.: Hase – **albicolor**: weißfarbig – **gemmare** 1: mit Edelsteinen besetzen – **ocellus**, -i m.: Äuglein – **Fresius** 3: friesisch – **Freso, -onis**: Friese – **robur**, -oris n.: Stärke – **dissimilis**, -e: verschieden – **officium**, -i n.: Aufgabe – **praeludere** 3: vor jemandem spielen – **nec mora**: unverzüglich, sofort – **audax**, -cis: kühn – **magnanimus** 3: mutig – **morsus**, -us m.: Biss – **laedere** 3: verletzen – **pertimere** 2: erschrecken – **strepitus**, -us m.: Piepsen – **Vertumnus**: Vertumnus; Gott des Wandels – **quotquot**: wie viele nur / wie viele auch immer – **iniquus** 3: missgünstig – **dispar**: ungleich – **exitium**, -i n.: Tod, Vergehen – **forsan** = *forsitan*: vielleicht – **corvinus** 3: eines Raben – **vermis**, -is m.: Wurm – **esca**, -ae f.: Speise, Futter – **poesis**, -is f.: Gedicht – **titulus**, -i m.: Grabinschrift – **tumulus**, -i m.: Grab – **reus**, -i m.: Angeklagter, hier: schuldig – **obesse**: schaden – **functus** 3: verstorben, verschieden – **tumulare** 1: begraben, beerdigen – **moles**, -is f.: Last – **en** (Interjektion): siehe – **terminare** 1: begrenzen – **astrum**, -i n.: Gestirn, Stern – **exilis**, -e: armselig – **scrobis**, -is m. / f.: Grube – **caedere** 3: schlagen, besiegen – **vultur**, -uris m.: Geier – **bustum**, -i n.: Grabmal – **convexa** (Neutrum Plural) **poli**: Himmelsgewölbe – **amplum**, -i n.: Weite – **solum**, -i n.: Erde – **levamen**, -inis n.: Trost – **psittacus**, -i m.: Papagei – **superbire** 4: sich brüsten – **exsequiae**, -arum f.: Leichenfeier – **regalis**, -e: königlich – **Bucephalus**: Bucephalus; Name des Pferdes – **Macedo**, -onis: Makedonier – **aequivocus** 3: gleichnamig, benannt nach – **Bucephala**: Bucephala; Name der Stadt – **culex**, -icis m.: Mücke – **Maro**, -onis: Beiname (*cognomen*) Vergils (Publius Vergilius Maro) – **pervenire** 4: geschehen – **nobilitare** 1: berühmt machen

Übersetzung

„Weint, Hunde, wenn Zeit zu weinen ihr habt, wenn ihr zu weinen vermögt;
weint, Hunde: Das Hündchen Pitulus ist tot.“
„Pitulus ist tot? Welcher Pitulus?“ „Er war mehr als ein Hund.“
„Welcher Pitulus?“ „Sorge und Schmerz seines Herrn.
Er war kein Albaneser, und er war kein Molosser,
sondern ein kleiner Hund, ein Hündchen von zierlicher Statur.
Er war fünf Jahre alt gewesen; wäre er zweimal 10 Jahre alt gewesen,
hätte man ihn, wenn man ihn sah, immer noch für ein Hundejunges gehalten.
Kaum so groß wie eine pannonische Maus war sein Körper,
der weniger einer Maus als vielmehr einem Hasen ähnlich war.
Er war weißfarbig, und in seinem Gesicht funkelten schwarze Äuglein wie
[Edelsteine.“
„Was hatte er für eine Abstammung?“ „Die Mutter war Friesin, Friese der Vater.“
„Wie stark war er?“ „Nicht sehr, doch seinem Körper entsprechend;
sein Mut war groß, im Gegensatz zu seiner körperlichen Stärke.“
„Was war seine Aufgabe? Doch etwas Nützliches – oder etwa nicht?“
„Dass der große Herr etwas Kleines zum Gernhaben hätte.
Nur das war seine Aufgabe, vor seinem Herrn zu spielen.“
„Was brachte das für einen Nutzen?“ „Keinen, außer Lachen.
Das Lachen verhielt sich keiner, sah er ihn stehen oder gehen:
Was immer er aufführte, es war lustig, ihm zuzusehen:
Mal war er eigensinnig, mal anschmiegsam, bald ungestüm, dann gleich
[wieder sanft,
bald kühn und unerschrocken, bald faul und ängstlich;
er, der mit einem kleinen Biss einen großen Bären verletzt hatte,
erschrak vorm Piepsen einer kleinen Maus.
Ich glaube, dass er, unter der Missgunst wie vieler Vertumni
auch immer geboren, keinem gleich war, nicht einmal sich selbst.“

Wie du auch warst, geliebter Hund, du, über den man lachen musste, nun aber
[trauern muss,
zu Lebzeiten warst du Lachen, jetzt, da du tot bist, bringst du Schmerz.
Jeder, der dich gesehen, jeder, der dich gekannt, hat dich geliebt
und trauert nun über deinen Tod, Beklagenswerter.
Vielleicht hast du deine Glieder im Magen eines Raben zur letzten Ruhe
[gelegt;
Wahrlich, du hast es nicht verdient, als Futter für die Würmer zu dienen.
Geliebter Hund, über die Maßen zu beweinen, mein Gedicht
steht nicht auf deinem Grabstein, denn ein Grab hast du nicht.
Doch dein Theodericus ist dir gegenüber darob nicht schuldig geworden:
Ich war nicht da, als du gestorben bist.
Doch was schadet es der Ehre der Verstorbenen, nicht begraben zu werden?
So viele und so große Männer entbehren der Last eines Grabhügels.
Siehe Cato, dem berühmten Mann, dessen Ruhm bis zu den Sternen reicht,
soll man nicht einmal eine armselige Grube gegönnt haben.
Und der Bezwinger der Welt, den die ganze Welt zu fürchten hatte,
Pompeius, wurde in einem kümmerlichen Winkel bestattet.
In Thessalien geschlagen, wurde der Ehrwürdigste des Senats
zur Nahrung eines Geiers – was schadete es seinen Verdiensten?
Tugend ist nicht in Gräbern und Grabmälern eingeschlossen,
sondern sie erfüllt das Himmelsgewölbe und die Weiten der Erde.
Ich glaube, dass in der Bestattung dennoch ein Trost liegt,
daher liest man von Gräbern, die für Vögel und Pferde errichtet wurden.
Der Papagei Ovids brüstet sich mit einem Grab und einer Grabinschrift,
weil er im Sterben „Corinna, leb wohl“ gesagt hat.
Und der große Mazedonier richtete für sein berühmtes Pferd Bucephalus
eine Leichenfeier aus, die eines königlichen Begräbnisses würdig gewesen
[wäre,
und gründete ihm zu Ehren eine herrliche Stadt,
die nach ihm Bucephala benannt war.
Und die Muse des großen Maro verherrlichte eine Mücke
und hängte die Grabinschrift der Mücke an ‚Arma virum‘.
Jene hatte mit ihrem Tod das Leben des Dichters gerettet,
der Maro, als es geschah, kein Grab gab.
Doch er schuf ein unsterbliches Gedicht, dessen Berühmtheit die Generationen
[überdauerte,
und eine kleine Mücke wurde durch seine Verse allbekannt.
Aber ich will nicht, dass die Grabinschrift für Pitulus jener Maros nachsteht –
ich werde meinen Hund berühmt machen, so wie Vergil eine Mücke berühmt
[gemacht hat.

Übersetzung: Kompatscher, aus: Tiere als Freunde, 84-87

Literatur in Auswahl

SEELENTAG, Sabine, Der pseudovergilische Culex. Text – Übersetzung – Kommentar, Stuttgart 2012 (Hermes Einzelschriften 105).

Paralleltexte: Eine Reise durch zwei Jahrtausende

Tierliebe scheint in unserem Kulturraum eine anthropologische Konstante zu sein. Bereits aus der Antike sind zahlreiche Texte überliefert, die belegen, dass es mitunter sehr enge Beziehungen zu Tieren gab und dass man daher um diese trauerte und ihnen machmal sogar Grabsteine errichtete, wenn sie starben. Für das Mittelalter dokumentieren uns Gedichte wie jene über den Tod des Pitulus diese Haltung, aber auch volks- bzw. nationalsprachliche Texte wie der Abenteuerroman *Partonopier und Meliur* des Konrad von Würzburg (13. Jh.); noch mehr Nachweise in literarischer Form aber haben wir aus der (Frühen) Neuzeit ab dem 15. Jh. – Als Ergänzung dazu wurden einige Texte ausgewählt, die klar als Parodien zu erkennen sind, wie etwa die Gedichte Catulls und Ovids, jedoch trotz aller literarischen Verbrämung reale Verhältnisse, nämlich die Zuneigung von Menschen zu Tieren, spiegeln.

Ein Trauergedicht auf einen Sperling: Catull (84-54 v. Chr.), c. 3

Lesbia, die Figur der Geliebten in Catulls Gedichten, hat einen Sperling als Haustierchen; nach modernen „Standards“ erfüllt er die Rolle eines Wellen- oder Nymphensittichs, eines Kanarienvogels oder kleinen Papageis. (Vor einigen Jahrzehnten gab es in der Forschung eine breite – und z.T. recht erbittert geführte – Diskussion unter Fachgelehrten, welcher Spezies der *passer* am ehesten zuzuordnen sei. Generell ist im Bereich der antiken Zoologie die zweifelsfreie Identifizierung des jeweils im Zentrum der Betrachtung stehenden Tieres nicht immer einfach; zahlreiche Beispiele hiefür liefert der Ältere Plinius in seiner „Naturkunde“, der *Naturalis historia*.)[15] Bereits im vorhergehenden Gedicht der Sammlung (c. 2) wird der

[15] Vgl. weiterführend zu zahlreichen heute nicht mehr existierenden Spezies: Hanna ZECKAU / Carsten AERMES, Brehms verlorenes Tierleben. Illustriertes Lexikon der ausgestorbenen Vögel und Säugetiere. Mit einem Vorwort von Josef H. Reichholf, 60 Monografien aus

liebevolle Umgang Lesbias mit ihrem gefiederten Gefährten beschrieben. Folgerichtig musste die Trauer über den Tod des Vogels als sehr tief gehend dargestellt werden, gleichzeitig aber wird sie von Catull (Gaius Valerius Catullus) parodistisch verzerrt.

Lugete, o Veneres Cupidinesque
et quantum est hominum venustiorum:
passer mortuus est meae puellae,
passer, deliciae meae puellae,
quem plus illa oculis suis amabat.
nam mellitus erat suamque norat
ipsam tam bene quam puella matrem,
nec sese a gremio illius movebat,
sed circumsiliens modo huc modo illuc
ad solam dominam usque pipiabat;
qui nunc it per iter tenebricosum
illuc, unde negant redire quemquam.
at vobis male sit,[16] malae tenebrae
Orci, quae omnia bella devoratis:[17]
tam bellum mihi passerem abstulistis
(o factum male! o miselle passer!);
tua nunc opera meae puellae
flendo turgiduli rubent ocelli.

lugere 2: trauern – **Veneres Cupidinesque**: Göttinnen und Götter der Liebe – **venustus** 3: liebreizend – **passer**, -eris m.: Sperling – **deliciae**, -arum f.: Liebling – **mellitus** 3: allerliebst – **norat** = *noverat* (*novisse*: kennen) – **gremium**, -i n.: Schoß – **circumsilire** 4: herum hüpfen – **modo … modo**: bald … bald – **huc**: hierhin – **illuc**: dorthin – **pipiare** 1: piepen – **tenebricosus** 3: dunkel – **unde**: von wo – **tenebrae**, -arum f.: Dunkel – **Orcus**, -i: Unterwelt, Gott der Unterwelt (Pluto) – **bellus** 3: schön, hübsch (volkssprachlich statt *pulcher* 3) – **misellus** 3: gar arm, gar unglücklich – **turgidulus** 3: geschwollen – **rubere** 2: rot sein – **ocellus**, -i m. = Diminutiv (Verkleinerungsform) von *oculus*

Übersetzung

Trauert, o Göttinnen und Götter der Liebe,
und all ihr liebreizenden Menschen:
Der Sperling meines Mädchens ist gestorben,
der Sperling, der Liebling meines Mädchens,
den jene mehr als ihre Augen liebte.
Denn er war allerliebst, und er kannte seine Herrin
so gut wie ein Mädchen seine Mutter,
und nie verließ er ihren Schoß,
sondern hüpfte herum, bald hierhin, bald dorthin,
und piepte immerfort nur zu seiner Herrin;
dieser wandert nun einen dunklen Weg entlang

Brehms Tierleben, 70 farbigen Bildtafeln und 3 Übersichtskarten, Frankfurt am Main 2007; ^{2}2008.

[16] Die Verfluchung des Orcus, des Totenreiches, ist ein Motiv der Grabdichtung.

[17] *qui … devoratis*: Nachahmung des epischen Sprachstils.

dorthin, von wo noch niemand zurückgekommen sein soll.
Doch dich verfluche ich, übles Dunkel des Orkus,
das alles Niedliche verschlingt:
Den so niedlichen Sperling hast du mir weggenommen
(O Untat! O armer Sperling!);
wegen dir sind nun die Äuglein meines Mädchens
vom Weinen geschwollen und gerötet.
Übersetzung: Kompatscher

Totenklage auf den Papagei der Corinna: Ovid (43 v. Chr. – ca. 17 n. Chr.), *Amores* II, 6

In Catulls Nachfolge steht Ovid (Publius Ovidius Naso), der das Trauermotiv jedoch variiert und poetisch, aber auch poetologisch weiterentwickelt. Die Komik des Gedichtes entsteht in erster Linie durch die Vermenschlichung des verstorbenen Haustieres; dies geschieht ganz konkret dadurch, dass Ovid die Totenklage auf einen Papagei der – gemeinhin den Menschen vorbehaltenen – Textsorte der römischen Leichenrede, der *laudatio funebris*, nachgestaltet.

Psittacus, Eois imitatrix ales ab Indis,
  occidit: exequias ite frequenter, aves;
ite, piae volucres, et plangite pectora pinnis
  et rigido teneras ungue notate genas;
horrida pro maestis lanietur pluma capillis,
  pro longa resonent carmina vestra tuba.
quod scelus Ismarii quereris, Philomela, tyranni,[18]
  expleta est annis ista querela suis;
alitis in rarae miserum devertere funus;
  magna sed antiqua est causa doloris Itys.
omnes, quae liquido libratis in aere cursus,
  tu tamen ante alios, turtur amice, dole.
plena fuit vobis omni concordia vita,
  et stetit ad finem longa tenaxque fides.
quod fuit Argolico iuvenis Phoceus[19] Orestae,
  hoc tibi, dum licuit, psittace, turtur erat.
quid tamen ista fides, quid rari forma coloris,
  quid vox mutandis ingeniosa sonis,
quid iuvat, ut datus es, nostrae placuisse puellae?
  infelix, avium gloria, nempe iaces.
tu poteras fragiles pinnis hebetare smaragdos
  tincta gerens rubro Punica rostra croco.

---

[18] Mit dem thrakischen Tyrannen ist Tereus, der Mann der Philomela, gemeint.
[19] Der Jüngling aus Phokis ist Pylades, der Freund des Orestes, der aus Argos stammte.

non fuit in terris vocum simulantior ales:
  reddebas blaeso tam bene verba sono.
raptus es invidia: non tu fera bella movebas;
  garrulus et placidae pacis amator eras.
plenus eras minimo, nec prae sermonis amore
  in multos poteras ora vacare cibos;
nux erat esca tibi, causaeque papavera somni,[20]
  pellebatque sitim simplicis umor aquae.
ecce, coturnices inter sua proelia vivunt,
  forsitan et fiunt inde frequenter anus.[21]
vivit edax vultur ducensque per aera gyros
  miluus et pluviae graculus auctor aquae;[22]
vivit et armiferae cornix invisa Minervae,[23]
  illa quidem saeclis vix moritura novem.[24]
occidit ille, loquax humanae vocis imago,
  psittacus, extremo munus ab orbe datum.
optima prima fere manibus rapiuntur avaris;
  implentur numeris deteriora suis:[25]
tristia Phylacidae Thersites funera vidit[26]
  iamque cinis vivis fratribus[27] Hector erat.
quid referam timidae pro te pia vota puellae,[28]
  vota procelloso per mare rapta Noto?[29]
septima[30] lux venit non exhibitura sequentem,
  et stabat vacuo iam tibi Parca colo;[31]
nec tamen ignavo stupuerunt verba palato:
  clamavit moriens lingua ‚Corinna, vale!‘
colle sub Elysio nigra nemus ilice frondet
  udaque perpetuo gramine terra viret.

---

[20] Gemeint sind die Auswirkungen des Schlafmohns.

[21] Wachteln wurden für kampflustig gehalten; hier wird diese vermutete Eigenschaft als förderlich für ein langes Leben interpretiert.

[22] Vögel galten mitunter als Wetterboten (*auctor* ist also als *nuntius* zu verstehen).

[23] Die Krähe war ursprünglich die Begleiterin der Minerva (Athene), zog sich jedoch deren Zorn zu, und so trat die Eule an ihre Stelle.

[24] Die Krähe galt als besonders langlebig.

[25] Der Sinn des Verses ist nicht ganz geklärt, nahe liegend wäre: „Geringeres bleibt (lange genug) bestehen“, was zudem der Aussage der Verse 31-36 und 41f. entspräche.

[26] Protesilaos war der Erste der Griechen, der im Trojanischen Krieg starb, während der feige Thersites überlebte.

[27] Hier wohl vor allem eine Anspielung auf Paris.

[28] = Corinna.

[29] Leere Versprechen, ungültige Schwüre und sinnlose Gelübde werden von Wind oder Wasser davongetragen (vgl. etwa Tibull I, 4, 21f.).

[30] Der 7. Tag galt – bis zur *scientific revolution* im 17. Jh. und z.T. noch darüber hinaus – bei einigen Krankheiten als Entscheidungstag, ob man überleben würde oder nicht.

[31] Parzen: die drei Schicksalsgöttinnen, die den Lebensfaden des Menschen spinnen (und zwar vom Rocken ab, der die Wolle hält) und schließlich abschneiden.

Si qua fides dubiis, volucrum locus ille piarum
dicitur, obscenae[32] quo prohibentur aves.
illic innocui late pascuntur olores
et vivax phoenix, unica semper avis;
explicat ipsa suas ales Iunonia[33] pinnas,
oscula dat cupido blanda columba mari.[34]
psittacus has inter nemorali sede receptus
convertit volucres in sua verba pias.
ossa tegit tumulus, tumulus pro corpore magnus,
quo lapis exiguus par sibi carmen habet:
COLLIGOR EX IPSO DOMINAE PLACUISSE SEPULCRO.
ORA FUERE MIHI PLUS AVE DOCTA LOQUI.

psittacus, -i m.: Papagei – **Eous** 3: morgenländisch – **imitatrix**, -icis f.: Nachahmerin – **ales**, -itis f. (und m.): Vogel – **Indus** 3: Inder – **exequiae**, -arum f.: Bestattung – **plangere** 3: schlagen – **pinna**, -ae f. = *penna*: Feder, im Pl. auch: Flügel – **unguis**, -is m.: Kralle – **notare** 1: kennzeichnen, aufritzen – **gena**, -ae f.: Wange – **pro**: an Stelle – **laniare** 1: zerraufen – **Ismarius** 3: thrakisch – **querela**, -ae f.: Klage – **devertere** = Imperativ von *deverti* 3 (Semideponens) – **rarus** 3: selten – **Itys**: ein Eigenname – **librare** 1: in der Schwebe halten – **turtur**, -uris m.: Turteltaube – **Argolicus** 3: aus Argos (Stadt auf der Peloponnes) – **Phoceus** 3: aus Phokis (Landschaft am Parnass) – **Orestes**, -ae: Eigenname – **ingeniosus** 3: talentiert, geschickt – **ut**: sobald – **nempe**: nun doch – **hebetare** 1: erbleichen lassen – **tinctus** = PPP von *tingere* 3: färben – **Punicus** 3: purpurrot – **rostrum**, -i n.: Schnabel – **crocus**, -i m.: Safran, Krokus – **simulans**, -antis: nachahmend – **blaesus** 3: lispelnd, lallend – **bella movere**: Streit suchen – **garrulus** 3: geschwätzig – **prae**: vor, aus – **vacare** 1: Zeit haben – **nux**, -cis f.: Nuss – **esca**, -ae f.: Nahrung – **papaver**, -is n.: Mohn – **umor**, -oris m.: Nass – **coturnix**, -icis f.: Wachtel – **anus**, -us f.: alte Frau; als Adjektiv: alt – **edax**, -acis: gefräßig – **vultur**, -uris m.: Geier – **aera** = *aerem* (von *aer, aeris* m.: Luft) – **gyrus**, -i m.: Kreis – **miluus**, -i m.: Falke – **graculus**, -i m.: Dohle – **cornix**, -icis f.: Krähe – **saeclis** = *saeculis* (*saeculum*, -i n.: Generation) – **loquax**, -acis: redselig – **imago**, -inis f.: Abbild – **extremus orbis**: geographisches Ende der Welt – **fere**: meistens – **Phylacides**, -ae m.: der Phylacide (= Protesilaus) – **Thersites**: Thersites (Eigenname) – **votum**, -i n.: Gelübde – **procellosus** 3: stürmisch – **Notus**, -i m.: Südwind – **lux**, -cis f.: Tag – **exhibere** 2: folgen lassen – **colus**, -i f./m.: Spinnrocken (der Stab, um den die zu spinnende Wolle gewickelt wurde) – **ignavus** 3: kraftlos – **stupere** 2: stocken – **palatum**, -i n.: Gaumen – **Elysius** 3: elysisch, zum Paradies gehörig – **ilex**, -icis f.: Eiche – **frondere** 2: grünen – **udus** 3: feucht – **gramen**, -inis n.: Gras – **obscenus** 3: garstig, unheilvoll – **olor**, -oris m.: Schwan – **vivax**, -acis: langlebend, lebensstark – **columba**, -ae f.: Taube – **mas**, maris m.: Männchen – **has inter** = *inter has* – **convertere** 3: lenken auf – **pro**: im Verhältnis zu

Übersetzung

Der Papagei aus dem indischen Lande der Morgenröte, der Vogel, der so schön nachahmen
[konnte,
ist dahingegangen; kommt zu seiner Bestattung in Scharen, ihr Vögel.
Kommt, mitfühlende Geschöpfe, und schlagt die Brust mit den Flügeln,
und grabt mit harter Kralle Spuren in euer zartes Gesicht.
Laßt euer Gefieder struppig starren, Haare könnt ihr ja nicht in Trauer zerraufen;
statt langanhaltender Trompete ertöne euer Gesang.
Noch immer klagst du über die Untat des ismarischen Tyrannen, Philomela,

[32] Damit sind wohl Raubvögel gemeint oder Vögel, die schlechte Vorzeichen brachten.
[33] Der Pfau, der Juno heilig ist. (Jede Gottheit hat ein für sie typisches Symboltier.)
[34] Die Taube galt u.a. als Symbol für eheliche Treue.

aber genug der Klage in den dir zugemessenen Jahren.
Wende von ihr dich hinweg zur traurigen Bestattung des seltenen Vogels;
schwerwiegend ist der Grund deines Schmerzes, Itys' Tod, aber er liegt weit zurück.
Ihr alle, die ihr in der klaren Luft schwebend eure Bahnen zieht,
sollt Schmerz empfinden, doch du, Turteltaube, vor allem, du warst sein Freund.
Volle Eintracht waltete zwischen euch während des ganzen Lebens,
und bis zum Ende blieb lange und anhaltende Treue bestehen.
Was dem Orestes aus Argos der Jüngling aus Phokis gewesen,
das war, solange es vergönnt war, dir, Papagei, die Turteltaube.
Doch was nützt diese Treue, was die Schönheit der erlesenen Farbe,
was die Stimme, die so meisterhaft verstand, die Töne zu ändern?
Was nützt es, daß du meinem Mädchen gefielst, sobald man dich ihr gab?
Du Armer, Ruhm der Vögel, liegst nun doch leblos da.
Du konntest mit deinem Gefieder empfindliche Smaragde stumpf erscheinen lassen,
du hattest einen purpurnen Schnabel gleich der Farbe des rötlichen Krokus.
Keinen Vogel gab es auf Erden, der geschickter war, Stimmen vorzutäuschen:
so treffend gabst du mit lallendem Tone die Worte wieder.
Mißgunst hat dich dahingerafft, du suchtest keinen wilden Streit,
schwatztest gern und erfreutest dich an ruhigem Frieden.
Ganz wenig genügte, dich satt zu machen, und vor eifrigem Schwatzen
fandest du nie die Zeit, deinen Schnabel vielem Essen zuzuwenden.
Eine Nuß war deine Nahrung und schlafbringende Mohnkörner,
und deinen Durst stilltest du mit einem Tropfen gewöhnlichen Wassers.
Ja, so ist es: die Wachteln leben inmitten ihrer Kämpfe,
und vielleicht kommt es daher, daß sie häufig alt werden.[35]
Es lebt der gefräßige Geier und der Falke, der seine Kreise
durch die Luft zieht, und die Dohle, die den Regen kommen läßt.
Es lebt auch die Krähe, verhaßt ist sie der waffentragenden Minerva,
fast neun Geschlechtern kommt ihre Lebensdauer gleich.
Gestorben ist das schwatzende Abbild menschlicher Stimme,
der Papagei, als Geschenk kam er vom Ende der Welt.
So geht es: das Vorzügliche wird zuerst von gierigen Händen dahingerafft,
was aber geringer an Wert ist, erfüllt sich in allen seinen Möglichkeiten.
Das traurige Leichenbegängnis des Phylakiden sah Thersites,
und Hektor war schon Asche, während seine Brüder noch lebten.
Wozu soll ich von den frommen Gelübden sprechen, die das geängstigte Mädchen
[für dich dargebracht hat?
Die Gelübde entführte der stürmische Süd über das Meer.
Zum siebenten Male kam das Licht, kein anderes sollte ihm folgen,
und nun stand die Parze da, abgesponnen war dir der Faden;
aber auch jetzt versagte erstarrter Gaumen sich noch nicht den Worten,
ersterbend rief deine Zunge laut: ‚Corinna, lebe wohl!'
Unter elysischem Hügel steht ein Laubwald dunkler Steineichen,
und feucht grünt der Boden von immerwährendem Grase.

---

[35] V. 31f.: Die ursprüngliche Versfolge der Übersetzung (V. 27f.) wurde umgestellt, um sie der Fassung des hier abgedruckten lateinischen Textes anzupassen.

Dort soll, wenn Ungewissem man glauben darf, die Stätte der frommen Vögel sein,
von dort werden die unsauberen Vögel ferngehalten.
Dort weiden weithin die harmlosen Schwäne
und das Sinnbild des Lebens, der Phönix, der seinesgleichen nicht hat.
Unaufgefordert entfaltet der Junovogel sein Gefieder,
und zärtliche Küsse gibt die Taube dem gierigen Männchen.
In ihrer Mitte wird der Papagei an bewaldeter Stätte aufgenommen
und lenkt die Aufmerksamkeit der frommen Vögel auf seine Worte.
Das Gebein bedeckt der Hügel, ein Hügel zu groß für den Körper,
auf ihm ein kleiner Stein mit einem Gedicht so klein wie er:
„Zeuge ist selbst mir das Grab, daß ich der Herrin gefallen,
mehr als ein Vogel vermag, war mein Mund im Reden geschickt.“
Übersetzung: Lenz

Epigramm auf eine Jagdhündin: Martial (ca. 40-103/4 n. Chr.), XI, 69

Martial (Marcus Valerius Martialis) dichtete eine Grabinschrift (wobei fraglich ist, ob das Gedicht tatsächlich in dieser Funktion verwendet wurde) auf Lydia, die verstorbene Hündin eines Dexter, welcher vermutlich ein Gönner Martials war. Die Lobpreisungen auf die Hündin sollen wohl über den Verlust des Tieres hinwegtrösten, sind aber eigentlich Schmeicheleien gegenüber dem Halter:

Amphitheatrales inter nutrita magistros
venatrix, silvis aspera, blanda domi,
Lydia dicebar, domino fidissima Dextro,
qui non Erigones mallet habere canem,
nec qui Dictaea Cephalum de gente secutus
luciferae pariter venit ad astra deae.
non me longa dies nec inutilis abstulit aetas,
qualia Dulichio fata fuere cani:
fulmineo spumantis apri sum dente perempta,
quantus erat, Calydon, aut, Erymanthe, tuus.
nec queror infernas quamvis cito rapta sub umbras.
non potui fato nobiliore mori.

amphitheatralis, -e: des Amphitheaters – **magister**, -tri m.: hier: Trainer – **blandus** 3: artig – **Dexter**, -tri: Dexter (Eigenname) – **Erigone**, -es: Erigone (Eigenname) – **Dictaeus** 3: aus Kreta – **Lucifer**, -era, erum: Licht bringend (*lucifera dea*: Aurora, Göttin der Morgenröte) – **Dulichius** 3: dulichisch (Dulichium: Insel südöstlich von Ithaka) – **Dulichius canis**: = Argos (Hund des Odysseus) – **fulmineus** 3: blitzend, mörderisch – **spumans**, -antis: schäumend – **Calydon**, -onis: Stadtname – **Erymanthus**, -i: Name eines Gebirges

Übersetzung
Ich wurde von den Trainern des Amphitheaters aufgezogen,
eine Jägerin, wild im Wald, daheim aber artig,
Lydia nannte man mich, treu ergeben meinem Herrn, Dexter,
der den Hund der Erigone nicht lieber gehabt hätte,
und auch nicht den aus Kreta, der Cephalus folgte

und ebenfalls zu den Sternen der Licht bringenden Göttin gelangte.
Nicht die Länge der Zeit und auch nicht das unnütze Alter hat mich dahingerafft,
wie es als Schicksal dem dulichischen Hund bestimmt war:
Vom mörderischen Hauer eines schäumenden Ebers wurde ich getötet,
der groß wie deiner, Calydon, oder deiner, Erymanthus, war.
Ich beklage mich nicht, obwohl ich bald zu den Schatten der Unterwelt entführt wurde.
Denn nicht hätte ich durch ein edleres Geschick den Tod finden können.
Übersetzung: Kompatscher

Grabschrift in Marmor auf die Hündin Margarita (2. Jh. n. Chr.)

Hier und ebenso bei den folgenden beiden Gedichten handelt es sich nicht um rein literarische Dokumente, die Texte sind nämlich tatsächlich als Grabinschriften überliefert. So sehr man auch parodistische Elemente zu erkennen glauben mag, ist die Überlieferung auf Stein doch ein Hinweis auf echt empfundene Trauer beim Tod des geliebten Tieres: Einen Grabstein errichtet man wohl wirklich nur im Rahmen eines Trauerrituals.

Gallia me genuit, nomen mihi divitis undae
   concha dedit, formae nominis aptus honos.
docta per incertas audax discurrere silvas
   collibus hirsutas atque agitare feras,
non gravibus vinclis umquam consueta teneri
   verbera nec niveo corpore saeva pati.
molli namque sinu domini dominaeque iacebam
   et noram in strato lassa cubare toro.
nec plus quam licuit muto canis ore loquebar:
   nulli latratus pertimuere meos.
sed iam fata subii partu iactata sinistro,
   quam nunc sub parvo marmore terra tegit.

concha, -ae f.: Muschel – **hirsutus** 3: borstig – **agitare** 1: jagen – **vinclis** = *vinculis* (*vinculum*, -i n.: Fessel, Strick) – **niveus** 3: schneeweiß – **noram** = *noveram* (*novisse*: kennen) – **stratus** = PPP von *sternere* 3: polstern – **torus**, -i m.: Bett – **latratus**, -us m.: Bellen – **pertimuere** = *pertimuerunt* – **partus**, -us m.: Geburt – **sinister**, -tra, trum: links, unglücklich

Übersetzung

Gallien hat mich hervorgebracht, den Namen gab mir die Muschel
des fruchtbaren Meeres, der glänzende Name entspricht meiner Schönheit.
Man hat mich dazu abgerichtet, kühn durch unsichere Wälder zu laufen
und auf den Hügeln das borstige Wild zu jagen,
doch nie ward ich daran gewöhnt, jemals durch lästiges Geschirr festgehalten zu werden
und heftige Schläge auf meinem schneeweißen Körper zu ertragen.
Denn ich lag auf dem weichen Schoß von Herrchen oder Frauchen
und war vertraut damit, entspannt auf dem gepolsterten Bett zu liegen.
Und nicht mehr, als es erlaubt war, sprach ich, ein Hund, mit stummem Maul:

vor meinem Bellen fürchtete sich niemand.
Doch schon erlitt ich mein Schicksal, eine unglückliche Geburt hat mich ums Leben [gebracht, mich,
die nun die Erde unter einem kleinen Grabstein aus Marmor birgt.
Übersetzung: Kompatscher

Grabschrift in Marmor auf das Hündchen Myia (2. Jh. n. Chr.)

Als Vorlage diente Catulls Gedicht c. 3 auf den Tod von Lesbias Sperling. Gewiss könnte dadurch auch ein Hinweis darauf gegeben sein, dass der anonyme Autor sein Gedicht in die Tradition des nicht ernst gemeinten Trauerepigramms stellen will, andererseits könnte auch hier wieder die Tatsache dagegen sprechen, dass der Text in Stein gemeißelt wurde.

Quam dulcis fuit ista, quam benigna,
quae cum viveret, in sinu iacebat,
somni conscia semper et cubilis.[36]
o factum male, Myia, quod peristi!
latrares modo, si quis adcubaret
rivalis dominae, licentiosa.
o factum male, Myia, quod peristi!
altum iam tenet insciam sepulcrum,
nec sevire[37] potes nec insilire,
nec blandis mihi morsibus renides.

benignus 3: gutmütig – **conscia**, -ae f.: Mitwisserin, Vertraute – **cubile**, -is n.: Bett – **latrare** 1: bellen – **quis** = *aliquis* – **adcubare** 1: bei etwas oder jemandem liegen – **licentiosus** 3: zügellos, ausgelassen – **sevire** 4 = *saevire* 4 – **insilire** 4: jemanden anspringen – **renidere** 2: freundlich lächeln, schön tun

---

[36] Es war nicht unüblich, dass Schoßhündchen bei ihren Herrchen oder Frauchen schlafen durften (vgl. Martials Issa = I ,109).

[37] Die Schreibung *e* für *ae* war zur Entstehungszeit des Gedichtes bereits üblich und setzt sich dann im Latein des Mittelalters und der Frühen Neuzeit fort.

Übersetzung

Wie süß war sie, wie gutmütig,
sie, die, als sie noch lebte, im Schoß lag,
stets Vertraute des Schlafes und des Lagers [ihres Frauchens].
O welch Unglück, Myia, dass du gestorben bist!
Würdest du doch nur ausgelassen bellen, wenn irgendein
Rivale beim Frauchen läge!
O welch Unglück, Myia, dass du gestorben bist.
Schon hält dich das tiefe Grab, und du bekommst nichts mehr mit,
weder toben noch mich anspringen kannst du,
noch tust du mir schön mit schmeichelnden Bissen.
Übersetzung: Kompatscher

Grabschrift in Marmor auf das Hündchen Patrice (2. Jh. n. Chr.)

In ähnlicher Tradition steht das Klagelied auf Patrice. Die kleine Hündin ist mit ihren drei Lustren stattliche fünfzehn Jahre alt geworden ist. Wehmütig erinnert sich ihr Herrchen jetzt, da er die alte Hundedame ein letztes Mal aus dem Haus trägt, daran zurück, wie überglücklich er vor einem ganzen Hundeleben den Welpen ins Haus getragen hat.

Portavi lacrimis madidus te, nostra catella,
  quod feci lustris laetior ante tribus.
ergo mihi, Patrice, iam non dabis oscula mille
  nec poteris collo grata cubare meo.
tristis marmorea posui te sede merentem
  et iunxi semper Manibus ipse meis[38]
moribus argutis hominem simulare paratam,
  perdidimus quales hei mihi delicias.
tu, dulcis Patrice, nostras attingere mensas
  consueras, gremio poscere blanda cibos,
lambere tu calicem lingua rapiente solebas,
  quem tibi saepe meae sustinere manus,
accipere et lassum cauda gaudente frequenter
  [et mi omnes gestu dicere blanditias.][39]

catella, -ae f.: Hündchen – **lustrum**, -i n.: ein Zeitraum von fünf Jahren – **argutus** 3: ausdrucksvoll, lebhaft – **hei**: ach – **deliciae**, -arum f.: Liebling – **consueras** = *consueveras* – **gremium**, -i n.: Schoß – **blandus** 3: schmeichelnd – **lambere** 3: lecken, schlabbern – **mi** = *mihi* – **blanditia**, -ae f.: Schmeichelei, Liebkosung

[38] Gemeint sind wohl die Manen der Dichter-*persona*: Die kleine Hündin soll bis zu dem Zeitpunkt, zu dem auch das lyrische Ich sterben wird, gleichsam im Rang eines verstorbenen Familienmitglieds bei den toten Verwandten im Jenseits leben; dereinst werden dann auch Hund und Herr wieder vereint sein.

[39] Der letzte Vers wurde im 16. Jh. von Basilius Zanchi, Bibliothekar im Vatikan, ergänzt.

Übersetzung

Tränenbenetzt trug ich dich in meinen Armen, mein Hündchen;
damals, vor drei Lustren, hatte ich mehr Freude dabei empfunden.
So wirst du, Patrice, mir keine 1000 Küsse mehr geben
und wirst nicht mehr liebevoll an meinem Hals liegen können.
Traurig habe ich dich ins Grab gebettet, einen Marmorstein hast du dir verdient,
und so habe ich dich für immer meinen Manen verbunden, dich,
die du geübt warst, in lebhafter Manier Menschen nachzuahmen,
weh, was für einen Liebling habe ich verloren!
Du, süße Patrice, warst gewohnt, mit mir zu Tische zu liegen,
gern hast du schmeichelnd auf meinem Schoß um Futter gebettelt
und mit eifriger Zunge aus dem Kelch geschlabbert,
den dir meine Hände häufig hingehalten haben,
hast mich, wenn ich müde nach Hause kam, oft mit freudig wedelndem Schweif [empfangen
[und mich mit lauter freundlichen Gebärden begrüßt.]
Übersetzung: Kompatscher

Freundschaft bis in den Tod: Konrad von Würzburg (1220/30-1287), *Partonopier und Meliur*

In seinem Liebes- und Abenteuerroman schildert Konrad von Würzburg in einem Nebenstrang des Erzählverlaufs die liebevolle Freundschaft zwischen Anshelm und seinem Hund, und wie nahe dem Mann der Tod seines Hundes ging.

Gattungsmäßig steht dieser Text also außerhalb der hier näher beleuchteten Tradition, doch thematisch stellt er eine hochinteressante Ergänzung dar: Die Beschreibung der Trauer eines Menschen um sein Tier wirkt derart plastisch, dass man von einer Abbildung realer Verhältnisse ausgehen kann; darüber hinaus kann jeder Tierfreund, jede Tierfreundin den Schmerz Anshelms über den Tod seines Hundes auch heute noch nachvollziehen.

und dô mîn ouge sîniu leit
ersach und al sîn ungehabe,
dô zôch ich mîniu kleider abe
und lie mich nieder in den sê.
mit swimmen tete ich mir sô wê,
biz ich begreif ze jungest in
und in ze lande fuorte hin
mit henden und mit armen.
und als ich mich erbarmen
liez alsô daz ime was
und ich im half, daz er genas,
dô lief er zuo mir unde spranc.
an mich streich er unde twanc
den zagel und daz houbet sâ,
und wollte niender von mir dâ
komen einen halben fuoz.
für wâr ich daz sagen muoz,
er wart von mir geheizen Swam,
durch daz er in dem wazzer kam
engegen mir geswummen.
ich sage des guoten summen,
dar ûf er leite sînen vlîz.
er was benamen alsô wîz,
daz nie kein swan wart alsô blanc.
sô balde lief er unde spranc,
daz kein wilt vor ihm genas.
gar michel unde kreftic was
der selbe wunneclîche hunt.
sîn tougen wirt iu von mir kunt:
er was nâch wunsche vollekomen.
ich hete in schiere an mich genomen
nâch sînem ungevelle.
sus wart er mîn geselle
und ich zehant der sîne dâ.
[...]
Er nam sô schedelichen val,
daz er vil nâch erstorben was.
doch half ich im, daz er genas
unde kam ze lîbe sider.
ich truoc in ûf daz hûs hin wider:
dâ schuof ich ime guot gemach,
wan mir sô leide nie geschach,
daz er alsô gewirset wart.
durch sîner hôhen triuwen art
generte ich in von sîner suht.
[...]
dar umbe er jâmerlichen an
mich ofte und dicke blicte,
daz er mir ûf erquicte

daz wazzer ûz dem herzen.
ich weinte sînen smerzen
und îlte von dem berge wider.
in den sê viel ich dâ nider
mit mînem willen unde swam,
biz ich nâhe in beiden kam.
Sus wollte ich mîme hunde
mit helfe bî der stunde
stillen al sîn ungemach.
und dô der bere mich ersach
komen, seht, dô liez er in
und îlte balde zuo mir hin,
als er dô mohte bî der stunt.
iedoch enliez in niht der hunt
an mich rehte komen hie,
wande er zôch in wider ie,
swenne er mir genâhte.
[…]
nu lât iu künden unde klagen,
wie bœslîch er sich an mir rach:
durch den erwelten hunt er stach
daz swert, daz er hielt in der hant,
daz im der veige stich erwant
an dem gehilze und er gelac
vor mir tôt. dâ von erschrac
mîn herze in mînem lîbe alsô,
daz ich vil nâch erstorben dô
was von leide bî der stunt.
ich viel dâ nider ûf den hunt
reht als ein halbtôter man.
er sach mich jâmerclichen an
mit ougen und mit herzen.
Ich weinte sînen schmerzen
mit inneclicher andâht.
dar nâch wart ich kûme brâht
ze kreften und ze sprâche wider.
mir hulfen ûf die liute sider,
die mir an den stunden
der swære mîn erbunden.
Nu man mich wider ûf genam,
dô viel ich weizgot unde kam
in den zorn an dirre stete,
daz ich alsam ein tôre tete
und ich zuo mîme herren sprach,
diu râche sîn wær alze swach;
hæt ich im leides iht getân,
daz möhte er wol gerochen hân
vil anders bî der stunde
dann er an mînem hunde

gar gehœnet hæte sich.
ich jach, er hæte drîstunt mich
gehazzet âne widersagen.
nu wollte er wizzen bî den tagen
für ein offen mære,
daz ich sîn vîent wære
und ich im schaden tæte,
swenn ich die state hæte
und ez mit fuoge möhte sîn.
sus kêrte ich mit dem hunde mîn,
ich nam in tôt in mîne pfliht
unde ensûmte mich dô niht,
ich îlte balde zeime grabe:
mit klägelicher ungehabe
begruop ich in dar inne.
mîn herze und mîne sinne
wurden jâmerunge wol.
für wâr ich daz reden sol:
durch sîne hôhe triuwe
in jâmer unde in riuwe
versinket noch daz herze mîn,
swenn ich gedenke rehte sîn.

Übersetzung

Anshelm beobachtet, wie ein Hund nach einem Schiffsuntergang zu ihm an Land zu schwimmen versucht. Der Hund schafft es nicht allein, also stürzt Anshelm sich ins Wasser, um ihn vor dem Ertrinken zu retten.

Und als mein Auge sein Leid
erblickte und all seinen Jammer,
da zog ich meine Kleider aus
und sprang in das Meer.
Ich konnte mich kaum über Wasser halten,
bis ich ihn schließlich ergriff
und mit Händen und Armen
ans Land brachte.
Als ich mich erbarmte
zu seiner Rettung
und ihm half, sich zu erholen,
da lief er zu mir und sprang an mir hoch.
Er drückte sich an mich und wedelte mit dem Schwanz
und hob sodann den Kopf,
und wollte sich nicht mehr weiter
als einen halben Fuß von mir entfernen.
Fürwahr, ich muss das sagen,
ich nannte ihn Swam,
weil er mir durch das Wasser
entgegen geschwommen kam.
Ich lege davon einen ehrlichen Bericht ab,
er hatte seinen Eifer darauf gerichtet.

Er war wirklich so weiß,
wie noch nie ein Schwan so glänzend schön gewesen ist.
Er lief und sprang so schnell,
dass kein Wild vor ihm sicher war.
Gar groß und kräftig war
dieser herrliche Hund.
Seinen inneren Charakter beschreibe ich euch:
Er war so vollkommen, wie man es sich nur wünschen konnte.
Ich hatte ihn sogleich angenommen
nach seinem Unglück.
So wurde er mein Gefährte
und ich sogleich der seine.
[…]

Im Kampf gegen einen Bären unterstützen sich Anshelm und Swam gegenseitig.

Deshalb warf er mir immerfort
mitleiderregende Blicke zu,
dass es mir Tränen
aus dem Herzen trieb.
Ich beweinte seine Schmerzen
und eilte von dem Berg hinunter.
Ich stürzte mich entschlossen in den See
und schwamm,
bis ich in der Nähe der beiden gelangte.
Auf diese Weise wollte ich da mit meiner Hilfe
all das Leid
meines Hundes beenden.
Als der Bär mich kommen sah,
seht, da ließ er von ihm ab
und eilte sogleich, so schnell wie er konnte,
zu mir hin.
Doch ließ ihn der Hund
nicht bis zu mir gelangen,
sondern zog ihn wieder zurück,
wenn er sich mir näherte.
[…]

Anshelm muss mitansehen, wie der Kaiser aus Rache Swam ersticht.

Nun lasst euch mitteilen und klagen,
wie böse er sich an mir rächte:
er stach sein Schwert, das er in der Hand hielt,
durch den erlesenen Hund,
so dass ihn der tödliche Stich
bis zum Schwertgriff traf und er tot
vor mir lag. Darüber erbebte
das Herz in meinem Leibe so,
dass ich beinahe starb
vor Leid in dem Augenblick.
Ich fiel nieder auf den Hund
gerade wie ein halbtoter Mann.
Er sah mich kläglich an

mit Augen und mit Herz.
Ich beweinte seine Schmerzen
mit inniglicher Andacht.
Danach kam ich kaum wieder
zu Kräften und zur Sprache.
Mir halfen die Leute dann,
die mich zu der Zeit
von meinem Kummer befreiten.
Als man mich wieder aufgerichtet hatte,
da geriet ich, weiß Gott,
auf der Stelle in Zorn,
dass ich mich wie ein Rasender verhielt
und zu meinem Herrn sprach,
seine Rache sei ganz verkehrt gewesen;
hätte ich ihm irgendein Leid getan,
das hätte er wohl rächen können
hier ganz anders,
als er seinen Zorn
an meinem Hund ausließ.
Ich sagte, er hätte mich dreimal mehr
hassen können, ohne Widerspruch von mir zu erfahren.
Nun sollte er von jetzt an wissen
und dies ganz unverhohlen,
dass ich sein Feind sei
und ihm schaden würde,
wenn ich die Gelegenheit hätte
und der passende Zeitpunkt gekommen wäre.
Dann ging ich mit meinem Hund weg,
ich nahm ihn tot in meine Obhut
und säumte nicht mehr.
Ich eilte gleich zu einem Grab,
mit Jammer und Klagen
begrub ich ihn darin.
Mein Herz und meine Sinne
waren voller Schmerz.
Das kann ich wahrlich sagen:
wegen seiner großen Treue
versinkt bis heute mein Herz
in Jammer und Betrübnis,
wenn ich an ihn denke.
Übersetzung: Kompatscher / Classen, aus: Tiere als Freunde, 168-172

Andreas Naugerius (1483-1529), *In obitum Borgetti catuli* (*Lusus* 43)

Unter den lateinischen Gedichten des italienischen Humanisten Andrea Navagero (latinisiert: Andreas Naugerius) findet sich auch ein Epikedium auf einen verstorbenen Hund mit auffälligen Antike-Bezügen.

Borgettus lepidus catulus ille,
cuius blanditias proterviores
et lusus herus ipse tantum amabat,
quantum tale aliquid potest amari.
nec mirum: dominum suum ipse norat,
caram bima velut puella matrem;
et nunc illius in sinu latebat,
nunc blande assiliebat huc et illuc
ludens, atque avido appetebat ore.
erectis modo cruribus, bipesque,
mensae adstabat herili, heroque ab ipso
latratu tenero cibum petebat.
nunc raptus rapido, maloque fato
ad Manes abiit tenebricosos.
miselle o canis, miser catelle,
nigras parvulus ut timebis umbras!
ut saepe et dominum tuum requires!
cui pro deliciis iocisque longum
heu desiderium tui relinquis.

bimus 3: zweijährig, zwei Jahre alt

Übersetzung

Borgettus war ein bezauberndes Hündchen,
dessen gar ungestüme Liebesbezeugungen
und dessen Herumtollen sein Herrchen liebte,
wie nur irgendwas.
Kein Wunder: Es kannte seinen Herrn
wie ein Mädchen von zwei Jahren seine liebe Mutter;
bald verbarg es sich in seinen Armen,
bald sprang es schmeichelnd heran, wuselte hin und her
und bettelte mit gierigem Maul.
Eben noch stand es aufrecht auf zwei Beinen
am Tisch seines Herrchens
und erbettelte sich mit leisem Bellen Futter von ihm.
Nun aber ging es, dahingerafft vom reißenden und unheilvollen Schicksal,
fort zu den dunklen Manen.
O du bedauernswerter Hund, du armes Hündchen,
wie wirst du, klein wie du bist, die schwarzen Schatten fürchten!
Wie oft wirst du nach deinem Herrchen suchen!
Diesem hinterlässt du an Stelle von Vergnügen und Kurzweil,
weh, kaum enden wollende Sehnsucht nach dir.
Übersetzung: Kompatscher

Hans Assmann Freiherr von Abschatz (1646-1699), *Bellhumor im Garten begraben*

Von Hans Assmann stammt eine Reihe von Grabgedichten auf Hunde. Gerhard Herrlinger bezeichnet sie als „Schertz-Grabschrifften“, doch gleichzeitig offenbaren sie die tiefe Vertrautheit des Autors mit den charakteristischen Eigenschaften und Verhaltensweisen von Hunden. Die wortschöpferische Kreativität erinnert an experimentelle Poesie:

Wind-Fänger, Steige-Dach, Teich-Meßer, Enten-Fechter,
Lufft-Springer, Wage-Hals, Grund-Fischer, Fluttverächter,
Stein-Träger, Büchsen-Hold, Nacht-Wächter, Bettler-Feind,
Zeit-Kürtzer, Stunden-Dieb, Lust-Macher, Gäste-Freund,
Bring-wieder, Trage-nach, Post-Renner, Such-verlohren,
Klug von Verstande, zart von Nas‘, und schön von Ohren,
Thür-Oeffner, Sperre-Thor, Feld-Mauser, Schlüssel-Held,
Wild-Störer, Katzen-Mord, Wett-Lauffer, Spring ins Feld,
Diß war mein wahrer Ruhm; doch werden, die mich missen,
Noch mehr von kluger Treu mir nachzusagen wissen.
Als ich von Jahren satt mein müdes Leben schloß,
Gab mir Pomona selbst ein Grab in ihrem Schoß.

Friedrich Theodor Vischer (1807-1887), *Mein Kätzlein. Klagelied*

Der Philosoph und Schriftsteller Friedrich Theodor Vischer, der u.a. eine Parodie auf Goethes *Faust* geschrieben hat (*Faust. Der Tragödie 3. Teil*), verfasste auch ein Trauergedicht auf den Tod eines Kätzchens. Der Ton ist warm und innig und lässt den Kummer des Dichters über den Verlust des geliebten Tieres lebendig werden. Mag der Lobpreis des Kätzchens auch manchmal übertrieben wirken („Zart rosenfarb der kleine Mund“): Alle, die einmal mit einer Katze zusammengelebt haben, werden die Verse nachvollziehen können und als Nachzeichnung der Realität erkennen.

Man fand dich fern vom warmen Hause,
Bedrängt von Schnee und eis’gem Wind,
Trug dich zu meiner stillen Klause,
Verirrtes, armes Katzenkind.

Du schriest und klagtest in dem neuen
Unheimlich bücherreichen Ort,
Doch bald verschwand dein wildes Scheuen,
Du fühltest dich in sichrem Hort.

Trafst du doch einen biedern Kater
Im Haus des unbekannten Manns,
Und dich empfing fast wie ein Vater
Der muntre Rattenfänger Hans.

Du warst noch etwas unerzogen,
Vergiengest dich in manchem Stück,
Doch führte mütterlich gewogen,
Die Rike dich zur Pflicht zurück.

Das Spiel begann, ein lustig Jagen,
Ein Wettkampf in verwegnem Sprung,
Ein Raufen, Purzeln, Überschlagen,
Mit welcher Grazie, welchem Schwung!

Und kam der Herr, dich sanft zu streicheln,
Wie sprangst du gern auf seinen Arm
Und riebst mit Schnurren und mit Schmeicheln
An ihm dein Pelzchen, zart und warm.

Du dientest mir zu allen Stunden
Mit Arlecchino-Schelmerei'n,
Wie tief hast Du die Pflicht empfunden,
Mein dankbarer Hanswurst zu sein!

Nie war uns bang, die Witze gehen
Zum komischen Ballet dir aus,
Durch stete Fülle der Ideen
Belebtest du das ganze Haus.

Und wenn du endlich schlummern solltest,
Zogst du den Hund als Lager vor,
Du schmiegtest dich an ihn und nolltest
Im halben Schlaf an seinem Ohr.

Dein Anzug, elegant im Schnitte,
War blaugrau, mit Geschmack verziert,
Brust, Pfötchen, Antlitz bis zur Mitte
Mit Weiß symmetrisch dekoriert.

Doch was ist Schmuck? Die eignen Formen
Kann aller Aufputz nur erhöhn;
Gebildet wie nach griech'schen Normen –
Ich darf es sagen, du warst schön.

Die Nase fein, die Augen helle,
Zart rosenfarb der kleine Mund,
Jedwede Linie eine Welle
Und jede Regung weich und rund.

Da kam, vom Teufeln angestiftet,
Ein Mäuschen her in einer Nacht –
du fraßest es, es war vergiftet,
Und ach! dein Schicksal war vollbracht.

Nicht ganz; noch Höllenqualentage,
Brandschmerz und grimmen Durstes Pein,
Durchlebtest du, und ohne Klage
Dann schliefst du endlich lautlos ein.

Es suchen dich die alten Freunde
In jedem Winkel aus und ein,
Du warst der liebenden Gemeinde,
Was einst der Max dem Wallenstein.

Mag nur die Spötterwelt es wissen:
Du tust mir tief im Herzen leid,
So jäh, so graß herausgerissen
Aus deiner Jugend Heiterkeit.

Vor Hungertod konnt' ich dich wahren,
Nicht vor der rohen Menschheit Gift,
Es schützen keines Hauses Laren
Vor Mord, der in die Ferne trifft.

Ich trüge wahrlich noch viel eher
Manch eines Tiervergifters Tod.
Verzeih mir's Gott, sie geht mir näher,
Des armen Kätzleins Todesnot.

Und leb' ich nach dem Lärm hienieden
Noch fort auf einem stillen Stern,
Sei auch in Gnaden herbeschieden
Das Kätzlein zu dem alten Herrn.

Ferdinand Avenarius (1856-1923), *Der Hund*

Auch der deutsche Dichter Ferdinand Avenarius verfasste ein Klagelied auf seinen verstorbenen Hund, welches eine innige, familiäre Beziehung zwischen Mensch und Tier belegt und ein letztes Mal voller Wehmut, aber auch Dankbarkeit die gemeinsamen Jahre Revue passieren lässt.

Wir knieten um dich, alle im Rund,
Und keiner dachte: da stirbt nur ein Hund –
Du stolzes Tier, du lieber Gesell,
Noch einmal war dein Auge hell,
Jetzt strecktest du dich, ganz vornehm und groß,
Dann sank dein Kopf in meinen Schoß.
Und wie ich dir leise die Haare strich,
Als junges Geschöpf wieder sah ich dich:
Als tollenden übermütigen Tropf,
Im Maul einen großen Blumentopf.
Sah wie ich dich ins Haus gebracht,
Und wie sie über dich gelacht.
Deine dummen Streiche schwebten vor mir,
Und wie du lerntest, du kluges Tier,
Sah wachsend deine sprungfrohen Sehnen
Zu edelschlanken Gliedern sich dehnen.
Und sah dich, wie du, Schritt um Schritt,
Wohin wir gingen, gingest mit,
Fidel mit unserm frohen Mut
Und tierlich uns tröstend, gings nicht gut.
Dann, wie du einst schlimm erkranktest, Hund,
Und wie wir uns sorgten: wirst du gesund? –
Ja, damals ward uns allmählich klar,
Was langsam aus dir geworden war...
Was war es doch? Du bliebst ja Tier,
Und doch mit einem verkehrten wir,
Der sah aus deinen Augen her,
Steckte im Tier und war doch mehr –
Als träumte da noch irgendwer drin,
Kam nur nicht aufwärts zum wachen Sinn,
Ein Rechter und Guter, der wollt empor,
Doch wie ein Druck lag ihm was vor:
Ein Fühlen blieb er dunkel, doch heiß,
„Kannst du mich erlösen?“ fragt’ er leis
Und war doch zufrieden und gab sich zur Ruh –
Und der tief drinnen, der warst erst du!
Warst halt als nächster zu mir gesellt
All der andern in Wald und Feld,
All des stumm Brüderlichen umher
In Wies’ und Busch und Luft und Meer –
Der großen Seele, die alles trägt,

In dir schlug und in uns noch schlägt...
Und neben der Tür zu unserm Haus
Heben wir dir ein Lager aus.
Schlafe da ruhig! Ein junger Fant
Nimmt dir die Wach' ab. Doch kommt über Land
Mal recht was Böses und will hinein:
Ich weiß, wirst du am Platze sein.

Rudyard Kipling (1865-1936), *Four Feet*

Rudyard Kipling ist als Autor des *Dschungelbuches* berühmt geworden, welches u.a. von Walt Disney als Zeichentrickversion verfilmt wurde. Er hat auch folgendes Gedicht geschrieben, das heute von vielen HundefreundInnen zitiert wird, wenn sie ihren FreundInnen- und Verwandtenkreis vom Tod ihres Lieblings benachrichtigen.

I have done mostly what most men do.
And pushed it out of my mind;
But I can't forget, if I wanted to.
Four-Feet trotting behind.

Day after day, the whole day through –
Wherever my road inclined –
Four-Feet said, 'I am coming with you!'
And trotted along behind.

Now I must go by some other round, –
Which I shall never find –
Somewhere that does not carry the sound
Of Four-Feet trotting behind.

Literatur in Auswahl

ASSMANN VON ABSCHATZ, Hans, Poetische Übersetzungen und Gedichte, Leipzig / Breslau 1904; ND Bern 1970.

AVENARIUS, Ferdinand, Stimmen und Bilder. Neuere Gedichte, München [9]o. J. (ca. 1910).

Catullus. Ed. with a textual and interpretative commentary by D. F. S. THOMSON, Toronto [u.a.] 2003 (Phoenix Supplementary volume 34).

CORPUS INSCRIPTIONUM LATINARUM (CIL), consilio et auctoritate Academiae Scientiarum Berolinensis et Brandenburgensis editum, 17. Bd., Berlin 1862 ff.

HERRLINGER, Gerhard, Totenklage um Tiere in der antiken Dichtung. Mit einem Anhang byzantinischer, mittellateinischer und neuhochdeutscher Tierepikedien, Stuttgart [u.a.] 1930 (Tübinger Beiträge zur Altertumswissenschaft 8).
Die Editionen folgender Texte wurden HERRLINGER entnommen: die Grabschriften auf Myia (46; = CIL XIII 488) und Patrice (47; = CIL X 659) sowie die Gedichte von Naugerius (127), Assmann (137f.), Vischer (168-170) und Avenarius (173f.).

KIPLING, Rudyard / MALLETT, Phillip, Limits and Renewals, London 1994.
http://gutenberg.net.au/ebooks06/0603781h.html (21.07.2014).
Edition des Gedichtes *Four Feet* von Rudyard Kipling.

BARTSCH, Karl, Konrads von Würzburg Partonopier und Meliur, Turnei von Nantheiz, Sant Nicolaus, Lieder und Sprüche. Aus dem Nachlasse von Franz PFEIFFER und Franz ROTH, Wien 1871; ND Berlin 1970.

FLACH, Dieter, Die sogenannte *Laudatio Turiae*. Einleitung, Text, Übersetzung und Kommentar, Darmstadt 1991.

MANITIUS, Max, Zur poetischen Literatur aus Bruxell. 10615-729, Neues Archiv der Gesellschaft für ältere deutsche Geschichtskunde 39 (1914), 157-175.

M. Valerii Martialis Epigrammata, post W. HERAEUM ed. D. R. SHACKLETON BAILEY, Stuttgart 1990.

NAUGERIUS, Andreas, Opera omnia, Pavia 1718.

Ovid. Amores. Text, Prolegomena and Commentary in four Volumes ed. by J. C. MCKEOWN. Vol. I: Text and Prolegomena, Vol. III: A Commentary on Book two, Liverpool 1987, 1998 (Arca 20, 36).
Ovid. Die Liebeselegien. Lateinisch und deutsch von Friedrich Walter LENZ, Berlin 1965 (Schriften und Quellen der alten Welt 15).
Ovid. The second Book of *Amores*. Edited with translation and commentary by Joan BOOTH, Warminster 1991.

PREAUX, Jean G., Du Culex de Virgile à son pastiche par Thierry de Saint-Trond. In: CHEVALLIER, Raymond (Hg.), Présence de Virgile. Actes du Colloque des 9, 11 et 12 décembre 1976, Paris 1978, 195-208.
Edition des Trauergedichtes auf Pitulus: 195-197.

FRINGS, Irene, Mantua me genuit – Vergils Grabepigramm auf Stein und Pergament, Zeitschrift für Papyrologie und Epigraphik 123 (1998), 89-100.
Edition des Grabgedichts auf Margarita: 94 (= CIL VI 29896).

VISCHER, Friedrich Theodor, Lyrische Gänge, Stuttgart [5]1909.

BAUER, Thomas, Theoderich, Abt von St. Truiden, Biographisch-Bibliographisches Kirchenlexikon 11 (1996), 849-855.

CECERE, Maria Grazia Granino, Il sepolcro della catella Aeolis, Zeitschrift für Papyrologie und Epigraphik 100 (1994), 413-421.

GUTHKE, Karl S., Sprechende Steine. Eine Kulturgeschichte der Grabschrift. Göttingen 2006.

HOLZBERG, Niklas, Martial und das antike Epigramm. Eine Einführung, Darmstadt 2002.

KIERDORF, Wilhelm, Laudatio Funebris. Interpretationen und Untersuchungen zur Entwicklung der römischen Leichenrede, Meisenheim am Glan 1980 (Beiträge zur klassischen Philologie 106).

KOKOTT, Hartmut, Konrad von Würzburg. Ein Autor zwischen Auftrag und Autonomie, Stuttgart 1989.

Tiere als Freunde im Mittelalter. Eine Anthologie. Eingeleitet, ausgewählt, übersetzt und kommentiert von Gabriela KOMPATSCHER zusammen mit Albrecht CLASSEN und Peter DINZELBACHER, Badenweiler 2010.

KOMPATSCHER, Gabriela, *Care canis, plangende nimis*. Ein mittelalterliches Trauergedicht auf einen Freund, Der Altsprachliche Unterricht 53, 4 (2010), 42-47.

KRATZSCH, Gerhard, Kunstwart und Dürerbund. Ein Beitrag zur Geschichte der Gebildeten im Zeitalter des Imperialismus, Göttingen 1969.
(zu Ferdinand Avenarius)

SCHREINER, Sonja, Die komische Seite der Wissenschaftlichkeit: Avenarius' *Aelurias*, die neulateinische Übersetzung von Zachariäs *Murner in der Hölle*. In: Acta Conventus Neo-Latini Bonnensis. Proceedings of the Twelfth International Congress of Neo-Latin Studies (Bonn 2003), general editor: Rhoda SCHNUR; editors: Perrine GALAND-HALLYN, Antonio IURILLI, Craig KALLENDORF, Joaquín PASCUAL BAREA, George Hugo TUCKER and Hermann WIEGAND, Tempe / Arizona 2006 (Medieval & Renaissance Texts & Studies 315), 747-758.
(zur Epenparodie des Rokoko – incl. *Culex*-Nachahmung mittels Graberrichtung und Epitaph für einen Kater, genannt Murner – bei Justus Friedrich Wilhelm Zachariä und Benedict Christian Avenarius)

SONDERMANN, Frieder, Notizen über einige Hunde-Epitaphe des Grafen Hoditz (1706-1778), Zeitschrift für deutsche Philologie 115 (1996) [Sonderheft], 16-32.

SYNDIKUS, Hans Peter, Catull. Eine Interpretation. 1. Teil: Einleitung. Die kleinen Gedichte (1-60), Darmstadt 1984; 2. Teil: Die großen Gedichte (61-68), Darmstadt 1990; 3. Teil: Die Epigramme (69-116), Darmstadt 1987 (Impulse der Forschung 46, 55 & 48; 3., um einen bibliograph. Nachtrag erw. Aufl. 2001).

WALTERS, K. R., Catullan Echoes in the Second Century A.D.: *CEL* 1512, The Classical World 69, 6 (1976), 353-359.

Heilige und Tiere

von Gabriela Kompatscher Gufler

Kaum eine andere literarische Tradition bietet eine derartige Fülle an Belegen für Tierbefreiungen, Tierrettungen, Wohngemeinschaften mit Tieren und freundschaftliche Beziehungen zu Tieren wie die Hagiographie, die Lebensbeschreibung von Heiligen.

Dass der Heilige (resp. Selige) gut zu Tieren ist, sie beschützt oder aus Gefahren rettet, ist ein Topos (*locus communis*; „Gemeinplatz“), ein immer wiederkehrendes Motiv. Diese Eigenschaft soll ihn von den ‚normalen‘ Menschen unterscheiden. Aber es ist wohl nicht jede Episode lediglich ein Topos, mitunter liegen der Erzählung wohl tatsächlich erfolgte Tierschutzaktionen zu Grunde.

Franziskus von Assisi († 1226), der Gründer des Franziskanerordens, ist uns als großer mittelalterlicher Tierfreund bekannt. Aber er hat zahlreiche Vorgänger, wie etwa die irischen Heiligen des 6. und 7. Jhs., Albeus, Kolumban und Kevin, oder aus späterer Zeit Godric von Finchale († 1170), der ein besonders eindrucksvolles Beispiel eines frühen Tierschützers und Tierbefreiers darstellt. Daneben finden sich in unzähligen weiteren Viten mittelalterlicher Heiliger Belege für Mitgefühl der leidenden Kreatur gegenüber: *pietate motus*, von Mitleid bewegt, retten Heilige wie Johannes Gualbertus (*Vita Iohannis Gualberti* 64) Tiere aus Notsituationen oder vor dem drohenden Tod.

Albeus und die Wölfe

Vita sancti Albei (aus: *Vitae sanctorum Hiberniae*)

Albeus (5./6. Jh., Gründer des Klosters Emly/Imlech) war nach seiner Geburt ausgesetzt und von einer Wölfin in ihre Familie aufgenommen worden. Von ihr heißt es: *que sanctum puerum valde adamavit, et quasi mater tenera inter suos catulos leniter eum nutrivit* („die den heiligen Knaben sehr lieb gewann und wie eine zärtliche Mutter unter ihren Welpen gütig nährte“). Sehr eindringlich wird im Fortgang der Erzählung[40] beschrieben, wie der später erfolgende Verlust ihres Ziehkindes die Wölfin schmerzt: *Tunc fera illa, lacrimans et rugiens, ad speluncam suam tristis reversa est* („Da kehrte das wilde Tier, weinend und jaulend, traurig in seine Höhle zurück“). Die Darstellung hat vielleicht ein anthropomorphisierendes, also vermenschlichendes Element, doch weiß man heute, dass vor allem „höher“ entwickelte

[40] Cap. i in PLUMMER I, 46f.

Tiere wie Säugetiere in Analogie zum Menschen nachweislich Gefühle wie Trauer, Freude, Angst, Eifersucht, Mutterliebe u.a. empfinden können (wie die neuesten Erkenntnisse aus der Verhaltensforschung etwa durch Frans de Waal, Volker Sommer, Kurt Kotrschal etc. zeigen).

Im hier abgedruckten Kapitel wird die Wiedervereinigung von Tier und Mensch geschildert – wobei nicht klar wird, ob es die gleiche Wölfin gewesen sein soll oder eine Nachkommin aus dem damaligen Rudel oder einfach eine Wölfin, die auf Grund einer göttlichen Eingebung Albeus Vertrauen entgegenbringt. Dass Albeus bereits ein alter Mann ist und die Wölfin schon längst hätte tot sein müssen, spielt hier keine Rolle. Vielleicht lag dies an den mangelnden naturwissenschaftlichen Kenntnissen des Autors, vielleicht sind hier zwei Erzählungen zusammengeflossen, vielleicht stimmt auch das Alter nicht.

Wenn Ersteres der Fall ist, dann handelt es sich auf jeden Fall um einen Topos, ein Motiv, das in der Literatur von der Antike (Odysseus und sein Hund Argos, Homer, *Odyssee* XVII, 290-327) bis in die Moderne immer wieder vorkommt. Was nicht bedeutet, dass es nicht doch irgendwann einmal oder wahrscheinlich sogar immer wieder solche Wiederaufeinandertreffen von Mensch und Tier inklusive gegenseitigem Wiedererkennen (Anagnorisis) gegeben hat. Schließlich ist es naheliegend, dass gerade häufige Geschehnisse zum Topos, ja sogar zum Klischee werden.

Auch die Aufzucht eines Menschenkindes durch eine Wölfin ist ein Topos (Romulus und Remus oder der Protagonist aus dem *Dschungelbuch*, Mowgli, 1894, von Rudyard Kipling – weltbekannt nicht zuletzt durch die Disney-Filme [1967 und 2003] und die Zeichentrickserie) und gleichzeitig ein artenübergreifendes Phänomen, das immer wieder vorkommt und wissenschaftlich intensiv erforscht wird: Die Rede ist, wenn es um die Aufzucht von Menschen durch Tiere geht, von den sog. Wolfskindern. Das vielleicht bekannteste ist Kaspar Hauser, wobei es bis heute umstritten ist, ob es sich bei ihm tatsächlich um ein ‚echtes' Wolfskind oder doch um einen Schwindler gehandelt hat. Gleichfalls belegt ist die ‚Adoption' verwaister Jungtiere durch Muttertiere einer anderen Art.

> *(xliv.)* Quodam tempore homines illius regionis, id est Arath, cum suo duce venacionem fecerunt, ut lupos a finibus suis repellerent. Una autem lupa direxit cursum suum ad locum in quo erat Albeus; et, sequentibus eam equitibus, posuit capud suum in sinu sancti Albei. Albeus vero dixit ei: 'Ne timeas; quia non solum tu liberaberis, set catuli tui venient ad te incolumes.' Et ita factum est. Et ait Albeus; 'Ego apud vos nutritus sum in infancia; et bene fecisti, quia in senectute mea venisti ad me. Nam ante me cotidie ad mensam panem commedetis, et nemo nocebit vobis'. Ita lupi cotidie veniebant ad sanctum Albeum, et commedebant ante eum; et postea revertebantur ad loca sua. Et nemo nocebat illis; nec ipsi nocebant alicui.

venacio = *venatio*, -onis f.: Jagd – **capud** = *caput* – **catulus**, -i m.: Jungtier, hier: Welpe – **incolumis**, -e: unversehrt – **nutrire** 4: ernähren, großziehen – **infancia** = *infantia*, -ae f.: Kindheit – **commedere** 3 = *comedere* 3 = *comesse*: verzehren

Übersetzung

(xliv.) Eines Tages gingen die Menschen jener Gegend, nämlich Arath, mit ihrem Anführer auf die Jagd, um die Wölfe aus ihrem Gebiet zu vertreiben. Eine Wölfin aber lief schnurstracks zu dem Ort, an dem Albeus war, die Reiter dicht auf den Fersen, und legte ihren Kopf in den Schoß des heiligen Albeus. Albeus aber sprach zu ihr: „Fürchte dich nicht, denn nicht nur du wirst befreit werden, sondern auch deine Jungen werden unversehrt zu dir kommen." Und so geschah es. Und Albeus sprach: „Ich wurde als Kind von euch großgezogen; und du hast gut daran getan, in meinem Alter zu mir zu kommen. Denn in meinem Beisein werdet ihr täglich Brot vom Tisch essen, und niemand wird euch ein Leid antun." So kamen die Wölfe jeden Tag zum heiligen Albeus, aßen in seinem Beisein und kehrten dann in ihr eigenes Revier zurück. Und niemand tat ihnen etwas, wie auch sie niemandem etwas taten.
Übersetzung: Kompatscher, aus: Tiere als Freunde, 39

Kolumban erfreut sich am Umgang mit Wildtieren

Ionas von Susa (7. Jh.), *Vita S. Columbani* I

Ionas von Susa berichtet in seiner Biographie über Kolumban († 615), einen irischen Mönch, der das Kloster Bobbio in Norditalien gründete, dass dieser Heilige die Gesellschaft wilder Tiere suchte. Natürlich soll wohl in erster Linie dargestellt werden, was für eine Macht der Heilige hatte, dass ihm sogar die Tiere gehorchten. Aber gleichzeitig ist zwischen den Zeilen zu erkennen, welche Freude der Heilige – laut Biographie – am Umgang mit den Tieren hatte.

(16.) Nam et Agnoaldum Lugduni Clavati episcopum et pontificem, qui eius et minister et discipulus postea fuit, cognovimus referentem, qui se testabatur sepe vidisse, cum in heremo vel ieiunio vel oratione vacans deambularet, esse sepe solitum feras, bestias ac aves arcessire, quae ad imperium eius statim veniebant, quas manu blandiens adtrectabat. Ita fere avesque gaudentes ac ludentes laetitia uberi, velut catuli solent dominis adolare, exultabant. Et ferusculam, quam vulgo homines exquirium vocant, sepe de arduis arborum culminibus arcessitum manuque receptum suoque collo inpositum sinuque ingredientem ac exeuntem sepe vidisse supradictus vir testabatur.

Lugdunum Clavatum: Laon – **testari** 1: bezeugen – **sepe** = *saepe* – **heremus** = *eremus*, -i f./m.: Einöde – **ieiunium**, -ii n.: Fasten – **oratio**, -onis f.: Gebet – **vacans** (+ Abl.): frei (von) – **deambulare** 1: umherwandeln – **arcessire** = *arcessere* 3: herbeirufen – **blandiri** 4: streicheln – **fere** = *ferae*, -arum f.: die wilden Tiere, Wildtiere – **uber**, -is: reichlich – **catulus**, -i m.: Tierjunges, hier: junger Hund – **adolare** = *adulari* 1: sich anschmiegen – **feruscula**, -ae f.: kleines wildes Tier – **exquirius**, -ii m.: Eichhörnchen, Eichkätzchen – **culmen**, -inis n.: hier: Wipfel

Übersetzung

(16.) Denn von Agnoaldus, Bischof von Laon, der Kolumbans Diener und Schüler war, haben wir erfahren, dass er nach eigenem Zeugnis oft gesehen habe, wie jener fastend oder betend durch die Wildnis wanderte und dabei oft wilde Tiere oder Vögel anzulocken pflegte, die auf sein Geheiß sofort herbeikamen und die er dann zärtlich streichelte. So tollten Wild und Vögel freudig und ausgelassen um ihn herum und sprangen an ihm hoch, wie eben Hündchen ihren Herren zu schmeicheln pflegen. Und

wie er ein wildes Tierchen, das das Volk Eichhörnchen nennt, von den hohen Wipfeln der Bäume rief, mit der Hand nahm und an seinen Hals setzte, und wie es in seinem Gewand ein- und ausschlüpfte, bezeugte der oben genannte Mann häufig gesehen zu haben.
Übersetzung: Kompatscher, aus: Tiere als Freunde, 51

Kevin und die hungrige Wölfin

Vita S. Coemgeni (aus: *Vitae sanctorum Hiberniae*)

Kevin, so der weiter verbreitete Name des irischen Heiligen Coemgen(us), lebte im 6./7. Jh. und legte mit seiner Einsiedelei den Grundstein für das Kloster Glendalough (etwa 40 km südlich von Dublin). – Auch hier geht es wieder um eine Wölfin, und es handelt sich um ein Motiv, das in den Viten immer wieder vorkommt; ein Topos also, der aber wohl auf der Realität basiert – die Einöden, in denen die Heiligen in der hier getroffenen Textauswahl leben, waren tatsächlich von Wölfen besiedelt, und sicher kam es mitunter zu freundschaftlichen Kontakten. Die moderne Verhaltensforschung konnte den Nachweis führen, dass Wölfe (und Hunde) über höhere Kooperationsbereitschaft verfügen als z.B. Menschenaffen (!) und v.a. Rudelmitglieder mit mittlerem Rang (also weder Alpha- noch Omega-Tiere) das nötige Grundvertrauen haben, um eine symbiotische Beziehung mit Menschen einzugehen: Voraussetzung für ein erfolgreiches Zusammenleben ist geringe Angst in Verbindung mit wenig ausgeprägtem Dominanzverhalten. Diese Kombination verleiht genau so viel Souveränität, wie für gefahrlose Koexistenz zielführend ist.[41] Dem Reich des Mythos und der Sage zuzuordnen sind jedoch die geschilderten Mirakel, wenn etwa Heilige Kälber wiedererwecken, mit denen sie hungrige Wölfe oder menschliche Gastfreunde gefüttert hatten. Die Wiedererweckung von Tieren ist ein in verschiedenen Literaturen weitverbreitetes Motiv. Unser Heiliger findet eine andere Lösung.

[41] http://science.orf.at/stories/1729397/ (21.07.2014) mit Verweis auf: Friederike RANGE / Zsófia VIRÁNYI, Social learning from humans or conspecifics: differences and similarities between wolves and dogs, Journal Frontiers in Psychology (DOI: 10.3389/fpsyg.2013.00868); vgl. zur ersten Orientierung auch die Zusammenfassung: http://journal.frontiersin.org/Journal/10.3389/fpsyg.2013.00868/abstract.

(ix.) Alio tempore sanctus Coemgenus perrexit ad quendam sanctum heremitam, nomine Beoanum; et mansit apud illum aliquot diebus. Ille sanctus habebat unam vaccam, et ministro suo quodam die in alio officio occupato, dixit beato Coemgeno: 'Vade frater, et vide vaccam nostram, ne eam bestie heremi commedant.' Pergens iam sanctus Coemgenus, invenit illam vitulum parturientem. Et volens postea sanctus eam cum vitulo minare ad domum, uenit luppa macie tabescens ad eum. Et sciens ipse, quod illa esuriret, iussit ei, ut commederet 'vitulum' tunc natum. Et statim luppa occidit vitulum, et commedit. Hoc videns pia mater, tristissima effecta est; et mugiens miserabiliter, cucurrit ad cellam domini sui. Sciensque vir Dei causam illius, dixit sancto Coemgeno: 'Fili, quid fecisti? Cur fregisti cor misere matris? Impero tibi in nomine Domini Iesu Christi, ut cicius adiuves tristem illius mentem.' Hoc audiens sanctus Coemgenus, perrexit in silvam propinquam, et in virtute Dei luppam ad se vocauit. Nutuque Dei illa ilico venit ad sanctum Domini. Et ait ei beatus Coemgenus: 'Tibi in nomine Iesu Christi Dei mei dico, ut vice vituli modo ad vaccam illam, cuius vitulum commedisti, venias, et omni hora mulgendi congrua cotidie, usque dum alium partum habeat, simili modo venias. Ipsa enim te amabit Dei potestate, quamvis sit contra naturam.' Mirum dictu; luppa ilico post tale monitum cucurrit ad cellam, et stetit ante vaccam. Videns iam vacca eam, statim dilexit illam, ut mater unicum suum 'filium'. Et postea omni die hora mulgendi, quanto tempore vacca lac illo conceptu habebat, luppa de silva veniebat, et linguens eam vacca, pie lac suum dabat. Hoc videns sanctus heremita Beoanus signum, Deo gloriam dedit, et benedixit diligenter sanctum Coemgenum.

vacca, -ae f.: Kuh – **bestie** = *bestiae*, -arum f.: wilde Tiere – **heremus** = *eremus*, -i f./m.: Einöde – **commedere** 3 = *comedere* 3: verzehren – **parturiri** 4: gebären – **vitulus**, -i m.: Kalb – **minare** 1: treiben – **luppa**, -ae f. = *lupa* – **macies**, -iei f.: Magerkeit – **tabescere** 3: hinsiechen – **esurire** 4: Hunger haben – **mugire** 4: muhen – **frangere** 3: (zer)brechen – **misere** = *miserae* – **cicius** = *citius* (Komparativ von *cito*: schnell) – **nutus**, -us m.: Wink – **vice**: statt – **mulgere** 2: melken – **partus**, -us m.: Kind, Junges – **conceptus**, -us m.: Empfängnis – **linguens** = *lingens* (*lingere* 3: lecken) – **benedicere** 3: segnen

Übersetzung

(ix.) Ein anderes Mal begab sich der heilige Coemgen zu einem heiligen Eremiten namens Beoan und blieb einige Tage bei ihm. Jener Heilige hatte eine Kuh, und als sein Gehilfe eines Tages mit einer anderen Arbeit beschäftigt war, sprach er zum seligen Coemgen: „Geh, Bruder, und sieh nach unserer Kuh, damit sie nicht von wilden Tieren gefressen werde!" Und als der heilige Coemgen loszog, fand er sie vor, wie sie ein Kalb gebar. Und als der Heilige sie mit dem Kalb nach Hause treiben wollte, kam eine magere, ausgezehrte Wölfin zu ihm. Und da er wusste, dass sie Hunger hatte, hieß er

sie, das gerade geborene Kalb zu fressen. Und sogleich tötete die Wölfin das Kalb und fraß es. Als die liebevolle Mutter das sah, wurde sie sehr traurig; und erbarmungswürdig muhend lief sie zur Zelle ihres Herrn. Und als der Mann Gottes Kenntnis von dem Geschehen hatte, sprach er zum heiligen Coemgen: „Sohn, was hast du getan? Warum hast du das Herz der armen Mutter gebrochen? Ich befehle dir im Namen Jesu Christi, unverzüglich ihrer Traurigkeit abzuhelfen!“ Als der heilige Coemgen dies hörte, ging er zum nahe gelegenen Wald und rief mit Gottes Macht die Wölfin zu sich. Auf einen Wink des Herrn kam jene sofort zum Heiligen des Herrn. Und der selige Coemgen sprach zu ihr: „Im Namen Jesu Christi, meines Gottes, gebiete ich dir, an Stelle des Kalbes zu jener Kuh zu gehen, deren Kalb du gefressen hast, und zwar täglich genau zur Melkzeit auf die gleiche Weise, bis sie das nächste Junge gebären wird. Sie nämlich wird dich durch die Kraft Gottes lieben, obwohl es gegen die Natur ist.“ Und es klingt seltsam, aber die Wölfin lief nach dieser Mahnung sofort zur Zelle und stellte sich vor die Kuh. Als die Kuh sie sah, liebte sie sie auf der Stelle, wie eine Mutter ihren einzigen Sohn. Und von da an kam die Wölfin jeden Tag zur Melkstunde aus dem Wald, solange die Kuh Milch von jener Schwangerschaft hatte, und die Kuh leckte sie ab und gab ihr zärtlich ihre Milch. Als der heilige Eremit Beoan dieses Zeichen sah, pries er Gott und segnete den heiligen Coemgen sorgfältig.[42]
Übersetzung: Kompatscher, aus: Tiere als Freunde, 53f.

Der Hl. Johannes Gualbertus und das Häschen
Vita S. Iohannis Gualberti auctore Andrea abbate Strumensi

Abt Andreas von Strumi verfasst im 11. Jh. eine Lebensbeschreibung des Johannes Gualbertus (* um 995 in Florenz, † 1073 in Passignano bei Florenz), Gründer mehrerer Klöster, die eine Reform des Mönchtums anstrebten. In der folgenden

42 Auch wenn diese Erzählung einmal mehr dazu dient, die Macht Gottes zu demonstrieren, die mittels der Heiligen wirksam wird, so liegen hiermit dennoch zwei eindrucksvolle Belege für Mitgefühl gegenüber Tieren vor: einmal mit Coemgen, der eine hungrige Wölfin füttert, und auf der anderen Seite Beoan, der die Trauer der Mutter um ihr Kind nachempfinden kann und Coemgen dementsprechend befiehlt, Maßnahmen zu ergreifen, um diese zu lindern.

Erzählung wird geschildert, wie Johannes trotz herrschender Hungersnot einem Häschen die Freiheit wiederschenkt.

(64.) Alio quoque tempore, cum nimia nix terram tegeret, quidam lepus ex nive egressus tugurium, in quo beatus Iohannes tunc cum quibusdam fratribus stabat, est ingressus. Quem quidam fratrum mox apprehendit et in gremio brachiis circumplectens abscondit cepitque fratribus dicere, quod licenter illum, utpote divinitus datum, possent edere, maxime cum nichil fere preter ipsum ad edendum haberent. Beatus vero Iohannes, quod acciderat, quod dictum fuerat, Deo revelante cognoscens, fratrem, quid in gremio absconditum teneret, requirens manifestatum leporem sibi dari imperavit, quem blanda manu diu actrectavit, dicendo sibi: ‚Follis, follis, cur huc venisti?' Postea vero leporem miseratus, portas cenobii egressus illum terrae subposuit ac liberum abire permisit. Sequenti autem die quidam rusticus asinum panibus oneravit sanctoque Iohanni in magna inedia cum suis fratribus portavit.

nix, nivis f.: Schnee – **tegere** 3: bedecken, zudecken – **lepus**, -oris m.: Hase – **tugurium**, -ii n.: Hütte, Behausung, Unterkunft – **gremium**, -i n.: Schoß – **brachium**, -ii n.: Arm – **circumplecti** 3: umfassen – **licenter**, Adv. von *licens*: nach Belieben – **utpote**: weil ja – **divinitus** (Adv.): durch göttliche Fügung – **edere** 3: (fr)essen – **nichil** = *nihil* – **preter** = *praeter* – **revelare** 1: offenbaren – **manifestare** 1: zeigen – **blandus** 3: liebkosend – **actrectare** 1 = *attrectare* 1: berühren, streicheln – **follis**, -e: verrückt, dumm – **cenobium** = *coenobium*, -ii n.: Kloster – **rusticus**, -i m.: Bauer – **asinus**, -i m.: Esel – **panis**, -is m.: Brot – **onerare** 1: beladen – **Iohanni** = Dat. von *Iohannes* – **inedia**, -ae f.: Hungersnot

Übersetzung

(64.) Ein anderes Mal, als große Schneemassen die Erde bedeckten, schlüpfte ein Hase aus dem Schnee in die Hütte, in der der selige Johannes damals mit einigen Brüdern lebte. Einer der Brüder packte ihn sogleich und barg ihn in seinem Schoß, indem er ihn mit seinen Armen umschloss. Zu seinen Brüdern sprach er, dass sie ihn ohne Hemmung essen könnten, da er ein Geschenk des Himmels sei, vor allem, da sie sonst fast nichts zu essen hätten. Als der selige Johannes jedoch durch eine Offenbarung Gottes erfuhr, was geschehen war, fragte er den Bruder, was er da in seinem Schoß verborgen halte. Als dieser ihm den Hasen zeigte, ließ er ihn sich geben. Er streichelte ihn lange mit zärtlicher Hand und sprach zu ihm: „Du Dummerchen, du Dummerchen, warum bist du hierher gekommen?" Dann ging er voll Mitleid mit ihm aus dem Kloster hinaus, setzte ihn auf die Erde und entließ ihn in die Freiheit. Am nächsten Tag aber belud ein Bauer seinen Esel mit Brot und brachte es dem heiligen Johannes und seinen Brüdern in dieser großen Hungersnot.
Übersetzung: Kompatscher, aus: Tiere als Freunde, 224

Der Hl. Godric als Tierschützer

Reginald von Durham, *Libellus de vita et miraculis S. Godrici*

Godric von Finchale († 1170) war Einsiedler im Norden von Durham in England und lebte in Gemeinschaft mit wilden Tieren. Doch – nach heutigen Maßstäben – betätigte er sich auch als aktiver Tierschützer, wenn er im Winter die Wildnis durchstreifte, um frierenden und verletzten Tieren zu helfen, oder wenn er Tiere aus Fallen befreite.

Godrics Zeitgenosse Reginald von Durham, ein Hagiograph, der auch eine Biographie über Godric verfasste, bezeichnet ihn daher treffend als *feris amicus*, als Tierfreund.

(XL.) Quanta pietate circa bruta animantia ductus sit, et qualiter ea saepius de manibus diripientium eripuerit.
(§ 88.) Denique pii pectoris illius serenitas non tantum erga hominum auxilia claruit, verum etiam reptilibus ac animantibus terrae prudens ipsius sollicitudo quandoque consuluit. Nam algentibus circumquaque brumae rigoribus, ipse nudipedalis incessit, et si forte aliquid animal glaciali inquietudine dissolutum repperisset, inter ascellas suas, vel certe in sinu suo, refocillandum componere consuevit. Unde saepius pius explorator per sepium densa seu nemorosa veprium opaca circumivit; et si quid casu animal erroneum, seu temporis importunitate depressum, fatigatum aut moribundum, repperisset, quali potuit artis medicamine reparavit. [...]
(§ 89.) Si denique aliquis eius ministerio deserviens, avem aliquam seu bestiolam aucupio, decipula, vel laqueo comprehendisset, mox ut ei innotuit de manibus illorum eripuit, et in agros vel saltus nemorum liberas abire permisit. Unde multoties capturae suae praedam sub modio seu alveolo, vel in loco aliquo his potius abditissimo, occultabant; sed nec sic tamen eum fallere vel latuisse potuerant. Nam frequenter nullo docente, aut certe eius ministro talia abiurante, ad locum quo ea absconderant, festinus accessit; ipsisque ex timore simul ac rubore confusis, illa coram protulit et absolvit. Sic etiam consuevit lepores et bestias quasque venantium manus effugientes, intra casae suae domicilia suscipere; ac praedonibus, spe frustrata, recedentibus, ad consueta saltium loca dimittere. Siquidem saepius bruta animantia et silvestria venatorum insidias devitantia, ad eius casae praesidia confugiebant; quia forte ibi divino instinctu certum sibi fore confugium providebant.

pietas, -atis f.: hier: Güte – **diripere** 5: rauben, plündern – **serenitas**, -atis f.: Heiterkeit – **reptile**, -is n.: Schlange – **sollicitudo**, -inis f.: Sorge – **algere** 2: frieren – **bruma**, -ae f.: Kälte, Winter – **rigor**, -oris m.: Kälte, Erstarrung – **nudipedalis**, -e: barfuß – **glacialis**, -e: eisig – **inquietudo**, -inis f.: Beunruhigung – **ascella**, -ae f.: Achsel – **refocillare** 1: (wieder) erwärmen – **componere** 3 = *ponere* – **sepium** = *saepium* = *saepes*, -is f.: Zaun – **nemorosus** 3: waldreich – **vepres**, -is m./f.: Dornstrauch – **opacus** 3: schattig – **fatigatus** 3: ermattet – **deservire** 4: dienen – **aucupium**, -ii n.: Vogelfang – **decipula**, -ae f.: Schlinge – **laqueus**, -i m.: Netz – **innotescere** 3: bekannt werden – **captura**, -ae f.: Fang – **modius**, -ii m.: Scheffel – **alveolus**, -i m.: Korb – **abditus** 3: versteckt – **occultare** 1: verbergen – **abiurare** 1: leugnen – **festinus** 3: schnell – **rubor**, -oris m.: Scham; eigentl.: Röte – **casa**, -ae f.: Hütte – **domicilium**, -ii n.: Wohnung, Behausung – **praedo**, -onis m.: Räuber – **instinctus**, -us m.: Veranlassung – **confugium**, -ii n.: Zuflucht

Übersetzung

(XL.) Von wie viel Güte den Tieren gegenüber er geleitet war, und wie er sie oft aus den Händen von Räubern befreite.
(§ 88.) Schließlich glänzte die Heiterkeit seines frommen Herzens nicht nur auf Grund von Wohltaten an den Menschen, sondern seine umsichtige Sorge galt oft auch den Schlangen und den Landtieren. Denn wenn ringsum alles im Frost erstarrte, ging er barfuß hinaus, und wenn er zufällig ein halberfrorenes Tier fand, nahm er es gewöhnlich unter seine Achseln oder wenigstens an seine Brust, um es zu wärmen. Deshalb streifte der fromme Kundschafter oft auch durch dichte Hecken und dunkle Dornensträucher; und wenn er zufällig ein Tier fand, das sich verirrt hatte oder dem das schlechte Wetter zusetzte, ermattet und dem Tode nahe, stellte er dessen Gesundheit mit all der Heilkraft, die ihm zur Verfügung stand, wieder her. [...]

(§ 89.) Wenn schließlich einer, der in seinem Dienst stand, einen Vogel oder ein Tierchen mit einer Schlinge oder einem Netz gefangen hatte, riss er es ihm sofort aus den Händen, sobald er es bemerkte, und entließ es frei in die Äcker oder Wälder. Daher verbargen sie oft ihre Beute unter einem Scheffel oder einem Korb oder in einem noch besseren Versteck; aber nicht einmal so konnten sie ihn täuschen oder ihm etwas verbergen. Denn häufig eilte er, ohne dass es ihm jemand zeigte, oder auch obwohl sein Diener es leugnete, zu der Stelle, wo dieser das Tierchen versteckt hatte; und vor seinen Augen holte er die Tierchen heraus und ließ sie frei, während der Diener von Angst und Scham ergriffen wurde. So pflegte er auch Hasen und andere Tiere, die den Jägerscharen entkommen waren, in seine Hütte aufzunehmen; und wenn sich die Räuber enttäuscht davon machten, ließ er sie an der gewohnten Stelle im Gebirge aus. Denn oft flohen wilde Tiere und Waldtiere, die den Fallen der Jäger zu entgehen suchten, in den Schutz seiner Hütte; denn vielleicht sahen sie auf göttliche Veranlassung vorher, dass sie dort eine sichere Zuflucht hatten.
Übersetzung: Kompatscher, aus: Tiere als Freunde, 100

Ergänzungstext:
Christian Wagner (1835-1918), *Mahnungen*

Werden Tiere dir am Wege begegnen,
Heb' die Hände auf, um sie zu segnen.
Findest du am Weg ein hilflos Wesen,
Nimm's in Pflege, bis es ist genesen.
Speise sollst du immer bei dir haben,
Schmachtende und Hungernde zu laben.
Keine Mühe sollst du jemals scheuen,
Vögel, die gefangen, zu befreien!
Keine Kosten, auf den Markt zu wandeln,
Junge zu den Müttern rückzuhandeln.

Franziskus und die Tiere

Franziskus von Assisi (1181 [oder 1182] – 1226), der den Franziskaner- und den Klarissenorden gründete, wurde von Papst Johannes Paul II. zum Patron des Umweltschutzes erklärt; und der Feiertag dieses Heiligen, der 4. Oktober, wird seit 1931 als Welttierschutztag gefeiert. Zu Recht, denn in zahlreichen Erzählungen aus den Biographien über den heiligen Franziskus, wie z.B. der *Vita prima* und der *Vita secunda* des Thomas von Celano, wird dessen Liebe zur gesamten Schöpfung und so auch zu den Tieren dargestellt; letztere manifestiert sich ganz konkret auch in Tierbefreiungen und -rettungen durch den Heiligen.

Franziskus bezeichnet die Tiere als seine Geschwister, und er bringt ihnen als Teil der Schöpfung Gottes Respekt entgegen. Auch wenn er manche Tiere besonders liebt, wie etwa die Lämmer, weil sie für ihn Christus symbolisieren, und auch wenn der

Gehorsam von Tieren dem Heiligen gegenüber als Zeichen der Macht Gottes aufgefasst wird, wird in den Biographien das Verhältnis des Franziskus zu den Tieren als sehr innig und persönlich dargestellt, wenn er z.B. ein Häschen zu sich heranruft und es *materno affectu*, mit mütterlicher (!) Liebe, streichelt.

Franziskus und das Häschen

Thomas von Celano, *Vita prima S. Francisci*

Nam cum tempore quodam apud castrum Graecii moraretur, lepusculus unus captus laqueo, a fratre quodam vivus apportatus est ei. Quem videns vir beatissimus, pietate commotus ait: „Frater lepuscule, veni ad me. Quare sic te decipi permisisti?" Statimque a fratre dimissus qui eum tenebat, ad sanctum confugit et velut in tutissimo loco, nullo cogente, in eius sinu quievit. Cumque aliquantulum quievisset ibidem, pater sanctus eum materno affectu demulcens, dimisit eum, ut liber ad nemus rediret. Qui cum saepe in terra positus, ad sancti sinum recurreret, iussit eum tandem ad silvam, quae propinqua erat, a fratribus deportari. – Simile quiddam contigit de quodam cuniculo, quod animal valde indomesticum est, cum esset in insula laci Perusii.

castrum, -i n.: hier: Dorf – **Graecium**: Greccio – **lepusculus**, -i m.: Häschen – **laqueus**, -i m.: Schlinge – **pietas**, -atis f.: Liebe, Güte, Erbarmen – **commovere** 2: bewegen – **decipere** 5: täuschen – **permittere** 3: zulassen, erlauben, gestatten – **dimittere** 3: loslassen – **cogere** 3: zwingen – **sinus**, -us m.: Schoß – **aliquantulum** (Adv.): eine Zeit lang – **quiescere** 3: ausruhen – **demulcere** 2: streicheln – **cuniculus**, -i m.: Kaninchen – **indomesticus** 3: unnahbar; ungezähmt, nicht domestiziert – **lacus**, -i m. = *lacus*, -us m.

Übersetzung

Denn als er sich einmal im Dorf Greccio[43] aufhielt, wurde ihm von einem Bruder ein Häschen, das sich in einer Schlinge verfangen hatte, noch lebend gebracht. Als der selige Vater es sah, sprach er von Mitleid bewegt: „Bruder Häschen, komm zu mir. Warum hast dich so ins Garn locken lassen?" Sofort lief es, als der Bruder, der es hielt, losgelassen hatte, zum Heiligen und ruhte sich, ohne dass es jemand dazu zwingen würde, in seinem Schoß aus, als ob dies der sicherste Ort wäre. Nachdem es dort eine Zeitlang geruht hatte, wobei der heilige Vater es mit mütterlicher Zuneigung streichelte, ließ dieser es los, damit es frei zum Wald zurückkehre. Da es jedesmal, wenn man es auf die Erde setzte, zum Schoß des Heiligen zurücklief, befahl Franziskus schließlich, dass die Brüder es zum nahen Wald trügen. – Etwas Ähnliches geschah mit einem Kaninchen, einem sonst sehr unnahbaren Tier, als Franziskus sich auf einer Insel des Sees von Perugia[44] befand.

Übersetzung: Kompatscher, aus: Tiere als Freunde, 189

---

[43] In der Nähe von Rieti.

[44] Lago Trasimeno, größter See Umbriens, der LeserInnen römischer Literatur in erster Linie durch die Schlacht am Trasimenersee (217 v. Chr. im Zweiten Punischen Krieg, dem sog. Hannibalischen Krieg) bekannt ist, die Titus Livius in seinem umfangreichen annalistischen Geschichtswerk *Ab urbe condita* („Von Gründung der Stadt <Rom> an") ausführlich (XXII, 4-8) beschreibt.

Franziskus und die Lämmer
Thomas von Celano, *Vita prima S. Francisci*

Alia vero vice cum per eamdem Marchiam transiret, eodem fratre ipsum alacriter comitante, viro cuidam obviavit, qui duos agniculos suspensos et ligatos in humero suo ad forum, ut venderet, deportabat. Cumque agnos balantes beatus Franciscus audisset, commota sunt viscera eius, et appropinquans tetigit eos, quasi mater super plorantem filium, affectum compassionis ostendens. Et ait ad virum: „Quare fratres meos agnos sic ligatos et suspensos excrucias?" Qui respondens ait: „Eos ad forum porto, ut vendam, pretii necessitate compulsus." Et ait sanctus: „Quid postea fiet de illis?" Ad quem ille: „Emptores, inquit, eos interficient et manducabunt." „Absit!" respondit sanctus, „non fiat istud! sed tolle pro pretio mantellum quem porto et agnos mihi concede." Qui alacri animo agniculos tribuit, et mantellum suscepit, quoniam multo maioris pretii erat mantellus, quem causa frigoris expellendi sanctus a quodam fideli viro mutuo susceperat ea die. Caeterum sanctus apud se, susceptis agniculis, quid de ipsis faceret sollicitus cogitabat, et habito consilio fratris associantis eum, eos viro illi reddidit gubernandos, praecepitque sibi, ne ullo tempore venderet eos, nec malum aliquod eis inferret, sed conservaret, nutriret et regeret studiose.

alia vice: ein anderes Mal – **eamdem** = *eandem* – **Marchia**: Mark – **transire**: durchreisen – **alacriter** (Adv.): freudig, voller Freude – **comitari** 1: begleiten – **obviare** 1: begegnen – **agniculus**, -i m.: Lämmchen – **suspendere** 3: aufhängen – **humerus** = *umerus*, -i m.: Schulter – **forum**, -i n.: Markt(platz) – **balare** 1: blöken – **commovere** 2: bewegen – **viscera**, -um n.: Eingeweide, hier: Herz – **tangere** 3: berühren – **plorare** 1: weinen – **affectus**, -us m.: Zuneigung, Leidenschaft – **compassio**, -onis f.: Mitgefühl – **ostendere** 3: zeigen – **agnus**, -i m.: Lamm – **excruciare** 1: quälen – **necessitas**, -atis f.: Notwendigkeit – **compellere** 3: treiben, zwingen – **emptor**, -oris m.: Käufer – **manducare** 1: essen – **mantellus**, -i m.: Mantel – **concedere** 3: überlassen – **frigus**, -oris n.: Kälte – **expellere** 3: vertreiben – **mutuo** (Adv.): leihweise – **caeterum** = *ceterum* – **sollicitus** 3: sorgfältig – **associare** 1: verbinden – **gubernare** 1: leiten, hier: auf etwas aufpassen, hüten – **sibi** = *ei*

Übersetzung
Als er ein anderes Mal durch dieselbe Mark[45] reiste und ihn derselbe Bruder[46] freudig begleitete, traf er auf einen Mann, der zwei Lämmchen an einem Strick auf seiner Schulter zum Markt trug, um sie zu verkaufen. Als der selige Franziskus die Lämmer blöken hörte, berührte ihn dies sehr; er näherte sich ihnen und streichelte sie, wie eine Mutter ein weinendes Kind, und zeigte tiefes Mitgefühl. Und er sprach zu dem Mann: „Warum quälst du meine Brüder Lämmer so, indem du sie anbindest und aufhängst?" Dieser antwortete: „Ich bringe sie auf den Markt, um sie zu verkaufen, weil mich die Not dazu treibt." Und der Heilige sprach: „Was wird dann mit ihnen geschehen?" Darauf erwiderte jener: „Die Käufer werden sie töten und essen." „Das sei fern", antwortete der Heilige, „dies darf nicht geschehen! Nimm als Bezahlung den Mantel, den ich trage, und überlass mir die Lämmer!" Dieser gab ihm freudig die Lämmchen und nahm den Mantel, weil der Mantel, den Franziskus von einem treuen Anhänger an

[45] Die Mark Ancona, in der heutigen oberitalienischen Region Marche.
[46] Bruder Paulus, der im vorhergehenden Kapitel Franziskus beim Freikauf eines Lammes unterstützt. Der Einsatz einer Vielzahl von Pronomina ist charakteristisch für Texte dieser Zeit, aber auch für die ‚Textsorte' der Heiligenvita.

jenem Tag gegen die Kälte geliehen bekommen hatte, viel mehr wert war. Nachdem der Heilige die Lämmchen in Empfang genommen hatte, überlegte er eingehend bei sich, was er mit ihnen machen sollte, und nachdem er sich mit dem Bruder, der ihn begleitete, beraten hatte, gab er sie jenem Mann zurück, damit er auf sie aufpasse, mit der Auflage, sie niemals mehr zu verkaufen und ihnen kein Leid zuzufügen, sondern sie eifrig zu beschützen, zu ernähren und zu hüten.
Übersetzung: Kompatscher, aus: Tiere als Freunde, 192f.

Franziskus und der Fasan
Thomas von Celano, *Vita secunda S. Francisci*

Nobilis quidam de comitatu Senensi beato Francisco infirmanti phasianum unum transmisit. Qui cum alacriter illum susciperet, non appetitu edendi sed more quo in talibus laetari semper solebat ob Creatoris amorem, dixit ad phasianum: „Laudatus sit Creator noster, frater phasiane!" Et ait ad fratres: „Tentemus iam nunc, si frater phasianus velit nobiscum morari, an ad loca solita et magis sibi congrua pergere." Et portans eum quidam frater de sancti mandato, longe illum in vinea posuit. Qui statim concito gressu ad cellam reversus est patris. Iterum eum longius poni praecepit; qui pernicitate maxima ad cellae ostium rediit, et quasi vim faciens sub tunicas fratrum qui erant in ostio introivit. Iussit proinde illum sanctus diligenter nutriri, amplexans illum et dulcibus verbis demulcens. Videns hoc medicus quidam sancto Dei satis devotus, petiit illum a fratribus, nolens eum comedere, sed illum ob reverentiam sancti nutrire. Quid plura? Detulit eum secum ad domum; sed quasi iniuriam passus, disiunctus phasianus a sancto, donec sine eius praesentia fuit, manducare penitus noluit. Obstupefactus est medicus, et ad sanctum statim phasianum reportans, quae acciderant per ordinem cuncta narravit. Mox ut in terra positus, patrem suum phasianus inspexit, proiecta tristitia, manducare cum gaudio coepit.

comitatus Senensis: Grafschaft Siena – **infirmans**, -ntis: krank – **phasianus**, -i m.: Fasan – **alacriter** (Adv.): eifrig, beflissen – **edere** 3: (fr)essen – **tentare** 1 = *temptare*: versuchen – **congruus** 3: passend; artgerecht – **vinea**, -ae f.: Weinberg – **concito gressu**: schnellen / hurtigen Schrittes – **cella**, -ae f.: Zelle – **praecipere** 5: befehlen – **pernicitas**, -atis f.: Schnelligkeit – **ostium**, -ii n.: Eingang – **tunica**, -ae f.: hier: Kutte – **nutrire** 4: füttern – **amplexari** 1: umarmen – **demulcere** 2: streicheln, liebkosen – **comedere** 3: essen – **reverentia**, -ae f.: Ehrfurcht – **disiungere** 3: trennen – **manducare** 1: essen – **obstupefacere** 5: in Staunen versetzen

Übersetzung

Ein Adeliger aus der Grafschaft Siena schickte dem seligen Franziskus, als er krank war, einen Fasan. Nachdem dieser ihn freudig in Empfang genommen hatte, nicht aus Verlangen, ihn zu essen, sondern weil er sich in solchen Fällen immer um der Liebe des Schöpfers willen freute, sprach er zum Fasan: „Gelobt sei unser Schöpfer, Bruder Fasan!“ Und zu den Brüdern sagte er: „Lasst uns jetzt versuchen, ob Bruder Fasan bei uns bleiben will oder zu den Orten, die er kennt und die besser zu ihm passen, aufbrechen will.“ Und gemäß dem Auftrag des Heiligen brachte ihn ein Bruder weit weg in einen Weingarten. Aber er kehrte sogleich eilig zur Zelle des Vaters zurück. Darauf ließ er ihn noch weiter weg bringen; er jedoch kehrte flugs zur Tür der Zelle zurück, und fast gewaltsam zwängte er sich im Schutz der Tuniken jener Brüder, die an der Tür standen, hinein. Darauf befahl der Heilige, ihn fürsorglich zu füttern, umarmte ihn, streichelte ihn und redete zärtlich auf ihn ein. Als dies ein Arzt sah, der dem Heiligen Gottes sehr ergeben war, erbat er sich den Fasan von den Brüdern; er wollte ihn jedoch nicht essen, sondern ihn zur Ehre des Heiligen verköstigen. Was mehr? Er nahm ihn mit sich nach Hause; doch als ob er ein Unrecht erlitten hätte, indem man ihm vom Heiligen getrennt hatte, wollte der Fasan nichts essen, solange er fern von ihm war. Der Arzt staunte und brachte den Fasan sofort zum Heiligen zurück und erzählte ihm alles, was sich zugetragen hatte, der Reihe nach. Sobald der Fasan auf die Erde gesetzt worden war und seinen Vater erblickt hatte, warf er alle Traurigkeit ab und begann mit Freude zu essen.

Übersetzung: Kompatscher, aus: Tiere als Freunde, 196f.

Ergänzungstext:

Klabund (1890-1928), *Franziskus*

Er war von Liebe wie ein Stern entbrannt.
Er gab sein Erbe an den Kirchenfiskus.
Tat ab des Kaufherrn prunkendes Gewand
Und nannte sich als armer Mönch: Franziskus.

Die Tiere alle waren ihm vertraut
Und kamen treu auf seinen Ruf gesprungen.
Die Eselin war schön wie eine Braut,
Der Rabe hat ihm seinen Schmerz gesungen.

Und früh im Morgenrot die Nachtigall
Flog an die Gitterstäbe seiner Zelle.
Die Spinne warf auf ihn sich wie ein Ball,
Vor seinen Wimpern tanzte die Libelle.

Und wenn er flüsternd seine Sprüche sprach,
Und seine Hände Weihrauchfässer schwangen:
Voll Vögeln schwirrte jubelnd das Gemach,
Und aus den Wänden selbst die Lerchen sangen.

Und ging er auf die Gasse, sprach das Pferd,
Der Hund liess wedelnd seinen Knochen liegen.
Die Katze hielt ihn ihrer Freundschaft wert,
An seinen Schenkeln rieben sich die Ziegen.

Er sprach mit jedem Tier auf ird'scher Flur,
Und jedes Kindlein lallte: Lieber Vater!
Geliebter war er der geringsten Hur,
Der junge, blasse Kapuzinerpater.

Literatur in Auswahl

BAETHGEN, Friedrich, Vita S. Iohannis Gualberti auctore Andrea abbate Strumensi. In: HOFMEISTER, Adolf [u.a.], Supplementa tomorum I-XV, Lipsiae 1926-34; ND 1976, 1080-1104 (MGH SS 30, 2).

KRUSCH, Bruno, Vitae Columbani abbatis discipulorumque eius libri duo auctore Iona. In: KRUSCH, Bruno, Passiones vitaeque sanctorum aevi Merovingici, Hannover 1902 (MGH SS Rer. Merov. 4), 1-156.

MENESTÒ, Enrico / BRUFANI, Stefano, Fontes Franciscani, Assisi 1995 (Medioevo francescano, Testi 2).

PLUMMER, Charles, Vitae Sanctorum Hiberniae, 2 Bde. Dublin [u.a.] 1997; ND Oxford 1910.

STEVENSON, Joseph, Reginald of Durham, Libellus de Vita et Miraculis S. Godrici, Heremitae de Finchale, London 1847 (Surtees Society 20).

TOSI, Michele [u.a.], Jonas, Vita Columbani et discipulorum eius, Piacenza 1965.

ZIMMERMANN, Christian von, Klabund. Werke in 8 Bänden, Bd. 4, 2: Gedichte. Heidelberg 2000, 520.

Das Gedicht von Christian Wagner wurde der Zeitschrift *Anima* 2006, 1 (hg. von der ÖVU) entnommen.

ALEXANDER, Dominic, Saints and animals in the Middle Ages, Woodbridge / Rochester 2008.

BOIVIN, Jeanne-Marie, L'Irlande au Moyen Âge. Giraud de Barri et la Topographia Hibernica (1188), Paris / Genève 1993 (Nouvelle bibliothèque du Moyen Âge 18).

CARDINI, Franco, Francesco d'Assisi e gli animali, Studi francescani 78 (1981), 7-46.

DEMELLO, Margo, Teaching the Animal. Human-Animal Studies across the Disciplines, New York 2010.

DONATUS, Mary, Beasts and Birds in the Lives of the Early Irish Saints, Philadelphia 1934.

FALSETT, Hans-Joachim, Irische Heilige und Tiere in mittelalterlichen lateinischen Legenden, Diss. Bonn 1960.

Tiere als Freunde im Mittelalter. Eine Anthologie. Eingeleitet, ausgewählt, übersetzt und kommentiert von Gabriela KOMPATSCHER zusammen mit Albrecht CLASSEN und Peter DINZELBACHER, Badenweiler 2010.

MORETTI, Felice, Il santo che giocava con gli animali, Il Santo 46 (2006), 103-148.

NITSCHKE, August, Tiere und Heilige. Beobachtungen zu Ursprung und Wandel menschlichen Verhaltens. In: NITSCHKE, August, Fremde Wirklichkeiten II. Dynamik der Natur und Bewegungen des Menschen, Goldbach 1995 (Bibliotheca eruditorum 12), 99-137.

OTTERSTEDT, Carola / ROSENBERGER, Michael (Hgg.), Gefährten – Konkurrenten – Verwandte. Die Mensch-Tier-Beziehung im wissenschaftlichen Diskurs. Göttingen 2009.

SPINELLI, Giovanni / ROSSI, Giustino (Hgg.), Alle origini di Vallombrosa. Giovanni Gualberto nella società dell' XI secolo, Milano 1998.

Vegetarismus und Kritik an Tieropfern in der Antike

von Gabriela Kompatscher Gufler

Schon in der Antike (z.B. bei Aristoteles, † 322 v. Chr.) herrschte die Vorstellung, die Welt und somit auch die Tiere seien für den Menschen geschaffen; man hatte also ein anthropozentrisches (von griechisch *ánthropos*, Mensch, und *kéntron*, Mittelpunkt) Weltbild, das dann auch von der stoischen Philosophie übernommen wurde und von dort seinen Weg ins Christentum fand. Man war der Meinung, dass die Menschen keine moralische Verpflichtung den Tieren gegenüber hätten und dass Tiere keine Vernunft besäßen.

Daneben gab es bereits in der Antike aber immer wieder philosophische und auch religiös motivierte Gegenströmungen: Theophrast († 287 v. Chr.) z.B. übt Kritik an religiösen Tieropfern und sagt, es bestehe eine Verwandtschaft zwischen Mensch und Tier – ein Argument, das mittlerweile wissenschaftlich fundiert ist.

Es gab aber auch schon vegetarische Strömungen, z.B. bei Pythagoras (6. Jh. v. Chr.). In einem Werk Ovids († 17 n. Chr.), den *Metamorphosen* (XV, 1ff.), gibt es z.B. eine fiktive Rede des Pythagoras, an deren Beginn und deren Ende je eine Fürsprache für den Vegetarismus steht. Der pythagoreische Vegetarismus ist allerdings durch den Glauben an die Seelenwanderung bedingt.

Auch der römische Philosoph Seneca († 65 n. Chr.) war Vegetarier, gibt diese Ernährungsweise aber aus politischen Gründen wieder auf (unter Tiberius galt Vegetarismus nämlich als Indiz dafür, dass jemand einem ausländischen Aberglauben oder sonst einer Sekte, z.B. dem Christentum, anhing).

Plutarch († um 125 n. Chr.) spricht sich ebenfalls für den Vegetarismus aus, und zwar sehr umfassend in *De esu carnium* („Über das Fleischessen"). Darin schildert er, warum Vegetarismus dem Fleischessen vorzuziehen sei: Der menschliche Körper sei nicht für das Fleischessen konzipiert; Fleisch könne uns nur deshalb überhaupt schmecken, weil der Blutgeschmack durch die verschiedenen Zubereitungstechniken, wie Würzen und Kochen, verdeckt werde; außerdem brauchten wir gar kein Fleisch, weil die Erde genug Essen hervorbringe. Tiere haben Gefühle, sagt Plutarch, und man muss sie gerecht behandeln; damit spricht der Philosoph sich für ein Tötungsverbot zu Nahrungszwecken aus.

Es hat also bereits in der Antike, wie in der Moderne, gesundheitliche, spirituelle und ethische Motive für Vegetarismus gegeben. Und die Diskussionen zwischen FleischesserInnen und VegetarierInnen wurden mit Pro-Vegetarismus-Argumenten geführt, die z.T. auch heute noch Berechtigung haben.

Ovid, *Metamorphosen* XV, 72-142; 453-478

[...] primusque animalia mensis
arguit inponi, primus quoque talibus ora
docta quidem solvit, sed non et credita, verbis:[47]
'Parcite, mortales, dapibus temerare nefandis
corpora! sunt fruges, sunt deducentia ramos
pondere poma suo tumidaeque in vitibus uvae;
sunt herbae dulces, sunt, quae mitescere flamma
mollirique queant, nec vobis lacteus umor
eripitur, nec mella thymi redolentia florem;
prodiga divitias alimentaque mitia tellus
suggerit atque epulas sine caede et sanguine praebet.
carne ferae sedant ieiunia, nec tamen omnes:
quippe equus et pecudes armentaque gramine vivunt;
at quibus ingenium est inmansuetumque ferumque,
Armeniae tigres iracundique leones
cumque lupis ursi dapibus cum sanguine gaudent.
heu quantum scelus est in viscera viscera condi
congestoque avidum pinguescere corpore corpus
alteriusque animantem animantis vivere leto!
scilicet in tantis opibus, quas optima matrum,
terra parit, nil te nisi tristia mandere saevo
vulnera dente iuvat ritusque referre Cyclopum?
nec, nisi perdideris alium, placare voracis
et male morati poteris ieiunia ventris!
At vetus illa aetas, cui fecimus aurea nomen,
fetibus arboreis et, quas humus educat, herbis
fortunata fuit nec polluit ora cruore.
tunc et aves tutae movere per aëra pennas,
et lepus inpavidus mediis erravit in arvis,
nec sua credulitas piscem suspenderat hamo;
cuncta sine insidiis nullamque timentia fraudem
plenaque pacis erant. postquam non utilis auctor
victibus invidit, quisquis fuit ille, leonum,
corporeasque dapes avidam demersit in alvum,
fecit iter sceleri, primoque e caede ferarum
incaluisse potest maculatum sanguine ferrum.
idque satis fuerat, nostrumque petentia letum
corpora missa neci salva pietate fatemur.
sed quam danda neci, tam non epulanda fuerunt.
Longius inde nefas abiit, et prima putatur
hostia sus meruisse mori, quia semina pando
eruerit rostro spemque interceperit anni.
vite caper morsa Bacchi mactatus ad aras

[47] Subjekt dieses Satzes: Pythagoras.

dicitur ultoris: nocuit sua culpa duobus;
quid meruistis oves, placidum pecus inque tuendos
natum homines, pleno quae fertis in ubere nectar,
mollia quae nobis vestras velamina lanas
praebetis vitaque magis quam morte iuvatis?
quid meruere boves, animal sine fraude dolisque,
innocuum, simplex, natum tolerare labores?
inmemor est demum nec frugum munere dignus,
qui potuit curvi dempto modo pondere aratri
ruricolam mactare suum, qui trita labore
illa, quibus totiens durum renovaverat arvum,
tot dederat messes, percussit colla securi.
Nec satis est, quod tale nefas committitur: ipsos
inscripsere deos sceleri numenque supernum
caede laboriferi credunt gaudere iuvenci.
Victima labe carens et praestantissima forma
(nam placuisse nocet) vittis insignis et auro
sistitur ante aras auditque ignara precantem
inponique suae videt inter cornua fronti,
quas coluit, fruges percussaque sanguine cultros
inficit in liquida praevisos forsitan unda.
protinus ereptas viventi pectore fibras
inspiciunt mentesque deum scrutantur et illis –
unde fames homini vetitorum tanta ciborum est? –
audetis vesci, genus o mortale? quod, oro,
ne facite, et monitis animos advertite nostris,
cumque boum dabitis caesorum membra palato,
mandere vos vestros scite et sentite colonos.
[...]
Ne tamen oblitis ad metam tendere longe
exspatiemur equis, caelum et quodcumque sub illo est
inmutat formas tellusque et quicquid in illa est;
nos quoque, pars mundi, quoniam non corpora solum,
verum etiam volucres animae sumus, inque ferinas
possumus ire domos pecudumque in pectora condi,
corpora, quae possunt animas habuisse parentum
aut fratrum aut aliquo iunctorum foedere nobis
aut hominum certe, tuta esse et honesta sinamus
neve Thyesteïs cumulemus viscera mensis.
quam male consuescit, quem se parat ille cruori
inpius humano, vituli qui guttura cultro
rumpit et inmotas praebet mugitibus aures,
aut qui vagitus similes puerilibus haedum
edentem iugulare potest aut alite vesci,
cui dedit ipse cibos! quantum est, quod desit in istis
ad plenum facinus? quo transitus inde paratur?
bos aret aut mortem senioribus inputet annis,
horriferum contra borean ovis arma ministret,
ubera dent saturae manibus pressanda capellae.

retia cum pedicis laqueosque artesque dolosas
tollite, nec volucrem viscata fallite virga
nec formidatis cervos includite pennis
nec celate cibis uncos fallacibus hamos.
perdite siqua nocent, verum haec quoque perdite tantum;
ora vacent epulis alimentaque mitia carpant!'

arguere 3: tadeln – **mensis inponere** 3: auftischen – **ora solvere**: den Mund auftun / aufmachen / öffnen – **parcere** 3: hier: sich hüten – **daps**, -is f.: Speise – **temerare** 1: beflecken – **vitis**, -is f.: Weinrebe – **quire**: können, vermögen – **thymus**, -i m.: Thymian – **prodigus** 3: verschwenderisch – **suggerere** 3: gewähren – **gramen**, -inis n.: Gras – **viscera**, -um n.: Eingeweide – **pinguescere** 3: mästen – **mandere** 3: kauen – **referre**: hier: erneuern – **moratus** 3: geartet (*venter male moratus*: unersättlich) – **polluere** 3: besudeln, entehren – **hamus**, -i m.: Haken – **fraus**, -dis f.: Hinterlist – **leonum** gehört zu *victibus* – **incalescere** 3: warm werden – **epulari** 1: verzehren – **hostia**, -ae f.: Opfertier – **pandus** 3: gebogen – **caper**, -pri m.: Geißbock, Ziegenbock – **velamen**, -inis n.: Gewand, Kleidung – **meruere** = *meruerunt* – **dempto** von *demere* 3: abnehmen – **ruricola**, -ae m./f.: Feldarbeiter – **tritus** 3: wund gescheuert – **messis**, -is f.: Ernte – **securis**, -is f.: Beil, Hacke – **inscripsere** = *inscripserunt* – **labes**, -is f.: Makel – **vitta**, -ae f.: Band – **culter**, -tri m.: Messer – **fibra**, -ae f.: Faser – **scrutari** 1: zu erforschen suchen – **boum**: Genitiv Plural von *bos* m./f. – **exspatiari** 1: von der Bahn abschweifen – **ferinus** 3: tierisch – **mugitus**, -us m.: Brüllen, Muhen – **vagitus**, -us m.: Wimmern – **edere** 3: von sich geben – **ales**, -itis f.: Vogel – **borean** = *boream*, Akk. von *boreas*, -ae m.: Nordwind – **viscatus** 3: mit Leim bestrichen – **penna**, -ae f.: hier: Pfeil

Übersetzung

Auch hat er als erster Klage dagegen erhoben, daß man Tiere als Speise auftischt; als erster hat er seinen Mund – der zwar weise war, aber keinen Glauben fand – geöffnet, um solche Worte zu sprechen:

(75) „Hütet euch, ihr Sterblichen, euern Leib mit mörderischen Speisen zu entweihen! Gibt es doch Feldfrucht, gibt es doch Obst, das mit seinem Gewicht die Äste herabzieht, und an Reben schwellende Trauben; gibt es doch süße Kräuter und solche, die erst im Feuer weich und mild werden können; und man raubt euch ja weder die flüssige Milch *(80)* noch den Honig, der nach Thymianblüte duftet. Verschwenderisch schenkt die Erde ihren Reichtum, friedliche Nahrungsmittel, und bietet euch Speise ohne Mord und Blut. Mit Fleisch stillen Tiere den Hunger, und auch sie nicht alle. Denn Pferde, Schafe und Rinder leben von Gras. *(85)* Diejenigen aber, deren Wesen ungezähmt und wild ist, armenische Tigerinnen, zornmütige Löwen und Bären samt den Wölfen, freuen sich an blutigem Fraß. Weh! Welch schwerer Frevel ist es, Leib in Leib zu bestatten, mit gierig hinabgeschlungenem Fleisch sein Fleisch zu mästen *(90)* und als Lebewesen von eines anderen Lebewesens Tod zu leben! Freut es dich etwa, mitten unter den reichen Schätzen, welche die Erde, die beste der Mütter, hervorbringt, nur jämmerlich verwundete Tiere mit grausamem Zahn zu kauen und den Brauch der Cyclopen zu erneuern? Und wirst du etwa nur, wenn du einen andern vernichtest, den Hunger deines freßgierigen, *(95)* deines entarteten Bauches zu stillen vermögen?

Doch jene alte Zeit, die wir die goldene nennen, war mit Baumfrüchten und erdentsprossenen Kräutern glücklich und besudelte den Mund nicht mit Blut. Damals flatterten die Vögel ohne Sorge auf ihren Schwingen durch die Luft, *(100)* unerschrocken hoppelte der Hase mitten über die Fluren, und die eigene Vertrauensseligkeit hatte den Fisch nicht am Angelhaken baumeln lassen; alles war ohne Falsch, ohne Angst vor Arglist und voller Frieden. Als ein unnützer Erfinder, wer es auch war, die Löwen um ihre Speisen beneidete *(105)* und Fleisch als Nahrung in den gierigen Schlund hinabschlang, bahnte er dem Frevel den Weg. Zuerst mag das blutbespritzte Eisen vom Mord an wilden Tieren warm geworden sein. Und das wäre genug gewesen! Daß wir Lebewesen erschlagen haben, die uns nach dem Leben trachten, dürfen wir ohne Verletzung der heiligen Ordnung bekennen. Man hätte sie zwar töten, nicht aber verspeisen sollen.

Dann schritt das Unheil weiter fort, und zuerst soll das Schwein den Tod als Opfertier verdient haben, weil es mit seinem gebogenen Rüssel die Saaten aufgewühlt und so die Hoffnung des Jahres zunichte gemacht hatte. Der Geißbock soll, da er Reben benagt hatte, an den Altären des rächenden Bacchus geschlachtet worden sein. Diese beiden brachte eigene Schuld zu Fall; doch was habt ihr, Schafe, verschuldet, sanftes Kleinvieh, geboren, um die Menschen vor Kälte zu schützen? Nektar tragt ihr im vollen Euter; eure Wolle bietet ihr uns als weiche Kleidung, und lebend nützt ihr uns mehr als tot. Was haben die Rinder verschuldet, ein Tier ohne Arglist und Tücke, unschädlich, einfältig, geboren, um Mühen zu ertragen? Undankbar ist schließlich und der Gabe des Getreides unwürdig, wer es fertiggebracht hat, seinen Feldarbeiter zu schlachten, kaum daß er ihm die Last des krummen Pfluges abgenommen hat, und das Beil in den von Mühsal wundgescheuerten Nacken zu schlagen, mit dessen Hilfe er so oft das harte Feld frisch umgepflügt und so viele Ernten eingebracht hatte.

Und nicht genug damit, daß solcher Frevel begangen wird: Sogar die Götter haben die Menschen als Aushängeschild für ihr Verbrechen benützt und glauben, die himmlische Gottheit freue sich am blutigen Tod des Mühsal erduldenden Stieres. Makellos und vorzüglich gewachsen – denn es ist gefährlich zu gefallen! – wird das Opfertier, mit Binden und Gold geschmückt, vor dem Altar aufgestellt, hört ahnungslos den Betenden, sieht, wie ihm Getreide, für das es selbst gearbeitet hat, auf die Stirn zwischen die Hörner gelegt wird, und dann färbt es, getroffen, mit seinem Blute die Messer, die es vorher vielleicht im klaren Wasser gesehen hat. Sofort reißt man aus der noch lebenden Brust die Fasern, betrachtet sie und forscht nach den Absichten der Götter. Und davon – woher hat der Mensch solch gewaltigen Hunger nach verbotener Speise? – wagt ihr euch zu ernähren, ihr Sterblichen? Ich bitte euch, tut das nicht, beachtet meine Ermahnungen! Gebt ihr eurem Gaumen die Glieder ermordeter Rinder zu kosten, so seid euch bewußt und fühlt, daß ihr eure Feldarbeiter verzehrt! […]

Doch damit ich nicht zu weit abschweife und meine Rosse nicht vergessen, zum Ziel zu eilen: Der Himmel und alles, was darunter ist, wandelt seine Gestalt, und ebenso die Erde und was auf ihr ist. Da wir ebenfalls, als Teil der Welt, nicht nur Körper, sondern auch geflügelte Seelen sind, in tierische Behausungen eingehen und in Leiber von Weidevieh eingeschlossen werden können, so wollen wir Körper, in denen Seelen von Eltern, Brüdern, uns sonst irgendwie Nahestehenden oder jedenfalls von Menschen wohnen können, sicher und in Frieden leben lassen und unsere Eingeweide nicht mit thyestischen Mahlzeiten anfüllen! Welch schlimme Gewohnheit erwirbt der Mensch, wie rücksichtslos erzieht er sich dazu, Menschenblut zu vergießen, wenn er einem Kalb mit dem Eisen die Kehle ritzt und mit ungerührtem Ohr sein Brüllen hört oder wenn er ein Zicklein, das wimmert wie ein Kind, erwürgen oder einen Vogel verzehren kann, dem er selbst Futter gegeben hat! Wie wenig fehlt hier noch zum Verbrechen im vollen Sinne! Was wird der nächste Schritt sein? Laßt das Rind pflügen oder an Altersschwäche sterben, das Schaf Schutzwaffen gegen den schaudererregenden Nordwind liefern, die satten Ziegen ihr Euter Melkerhänden darbieten! Doch fort mit Netzen, Fallen, Schlingen und listigen Künsten! Täuscht den Vogel nicht mit der Leimrute, betrügt Hirsche nicht mit Federn, die sie fürchten, und verbergt keine Angelhaken in trügerischen Ködern. Vernichtet, was schädlich ist, aber be-

schränkt euch darauf, es zu vernichten; der Mund bleibe frei von solcher Speise und nehme unblutige Nahrung auf!"
Übersetzung: von Albrecht

Literatur in Auswahl

P. Ovidius Naso. Metamorphosen. Lateinisch / Deutsch. Übersetzt und herausgegeben von Michael VON ALBRECHT, Stuttgart 1997.

ALBRECHT, Michael von, Das Buch der Verwandlungen. Ovid-Interpretationen, Düsseldorf [u.a.] 2000.

DIERAUER, Urs, Tier und Mensch im Denken der Antike. Studien zur Tierpsychologie, Anthropologie und Ethik, Amsterdam 1977 (Studien zur antiken Philosophie 6).

DIERAUER, Urs, Vegetarismus und Tierschonung in der griechisch-römischen Antike (mit einem Ausblick aufs Alte Testament und frühe Christentum). In: LINNEMANN, Manuela / SCHORCHT, Claudia (Hgg.), Vegetarismus. Zur Geschichte und Zukunft einer Lebensweise, Erlangen 2001 (Tierrechte – Menschenpflichten 4), 9-72.

DÖPP, Siegmar, Werke Ovids. Eine Einführung, München 1992 (dtv-Wissenschaft 4587).

GIEBEL, Marion, Ovid. Mit Selbstzeugnissen und Bilddokumenten, Reinbek 1991 (Rowohlts Monographien 460).

LUDWIG, Walther, Struktur und Einheit der Metamorphosen Ovids, Berlin 1965.

NEWMYER, Stephen T., Ovid on the Moral Grounds for Vegetarianism. In: Ovid. Werk und Wirkung. Festgabe für Michael von Albrecht zum 65. Geburtstag (hg. von W. SCHUBERT), Frankfurt am Main [u.a.] 1999 (Studien zur klassischen Philologie 100), 477-486.

SCHMITZER, Ulrich, Zeitgeschichte in Ovids Metamorphosen. Mythologische Dichtung unter politischem Anspruch, Stuttgart 1990 (Beiträge zur Altertumskunde 4).

Arnobius, *Adversus nationes* VII, 9, 1-7

Als der Redelehrer Arnobius von Sicca (3./4. Jh. n. Chr.) zum Christentum übertrat, schrieb er ein Werk mit dem Titel *Adversus nationes* („Gegen die Heiden"), in welchem er das Christentum verteidigt und die heidnische Religion und deren Rituale bekämpft. Unter letztere fallen auch die Tieropfer, die Arnobius hier aus christlicher Sicht kritisiert; im 7. Buch findet sich zu diesem Thema die anklagende Rede eines Ochsen gegen die Ungerechtigkeit, die ihm durch die Opferung widerfährt; denn er habe ja keine Verbrechen verübt, im Gegensatz zu den Menschen, die mit diesem

Opfer Jupiter gnädig stimmen wollen. Auffallend ist, dass der Ochse in seiner Rede Mensch und Tier auf eine Ebene stellt (während das Christentum eine sehr strenge Trennung zwischen Mensch und Tier vornimmt).

> ecce si bos aliquis aut quodlibet ex his animal, quod ad placandas caeditur mitigandasque ad numinum furias, vocem hominis sumat eloquaturque his verbis: „ergone o Iuppiter, aut quisquis alius deus es, humanum est istud et rectum aut aequitatis alicuius in aestimatione ponendum, ut cum alius peccaverit, ego occidar et de meo sanguine fieri tibi patiaris satis, qui numquam te laeserim, numquam sciens aut nesciens tuum numen maiestatemque violarim, animal ut scis mutum, naturae meae simplicitatem sequens nec multiformium morum varietatibus lubricum? numquid aliquando tuos ludos minus sancte diligenterque perfeci? numquid aliquem praesulem, tuum numen qui offenderet, ante traduxi? numquid iuravi per te falso? numquid sacrilegis furtis tua rapui spoliavique donaria? numquid erui sacratissimos lucos aut religiosa quaedam loca substructionibus pollui profanavique privatis? quaenam est ergo causa ut alienum crimen meo luatur e sanguine et in nefas extraneum mea vita et innocentia producatur? an quod animal vile sum nec rationis nec consilii particeps, quemadmodum pronuntiant isti qui se homines nominant et ferocitate transiliunt beluas? nonne primordiis isdem eadem et me genuit informauitque natura? nonne spiritus unus est qui et illos et me regit? non consimili ratione respiro et video et ceteris adficior sensibus? habent iecora pulmones corda intestina ventriculos: et mihi membrorum non idem est numerus attributus? amant suos fetus et gignendis conveniunt liberis: non et mihi prolis et subrogandae est cura et dulcedo, cum fuerit procreata? sed rationales illi sunt et articulatas exprimunt voces. et unde illis notum est an et ego quod facio meis rationibus faciam et vox ista quam promo mei generis verba sint et solis intellegantur a nobis? interroga Pietatem, utrumne sit aequius me occidi, me confici an hominem venia et commissorum inpunitate donari? quis in gladium formauit ferrum? non homo? quis cladem gentibus, quis nationibus imposuit servitutem? non homo? quis parentibus, fratribus, quis uxoribus, quis amicis mortiferas subdidit commiscuitque potiones? non homo? quis maleficia repperit aut commentatus est tanta, quanta vix explicari decem milibus nequeant vel annalium vel diurnorum? non homo? ita istud non ferum, non inmane, non saevum est, non tibi, o Iuppiter, iniustum videtur et barbarum, me occidi, me caedi, ut fias tu placidus et ut scelerosis contingat inpunitas?"

placare 1: versöhnen – **mitigare** 1: besänftigen – **furiae numinum**: Zorn der Götter – **eloqui** 3: sprechen, äußern – **aestimatio**, -onis f.: Auffassung – **satis fieri**: Genugtuung leisten – **laedere** 3, -si, -sum: verletzen, kränken – **violarim** = *violaverim*; *violare*: verletzen, beleidigen – **lubricus** 3: verführbar – **numquid**: etwa – **praesul**, -ulis m.: Priester – **tuum numen qui offenderet** = *qui tuum numen offenderet* (*offendere* 3: beleidigen) – **traducere** 3: hier: herschreiten lassen – **iurare falso**: einen Meineid schwören – **sacrilegus** 3: frevelhaft – **tua**: zu *donaria* – **spoliare** 1: entwenden, stehlen, wegnehmen – **donarium**, -ii n.: Weihgeschenk – **eruere** 3, -rui, -rutum: zerstören – **substructiones privatae**: private Bauten – **polluere** 3, -ui, -utum: beflecken – **profanare** 1: entweihen – **meo**: zu *sanguine* – **luere** 3: sühnen – **primordium**, -ii n.: Ursprung – **iecur**, -oris n.: Leber, **pulmo**, -onis m.: Lunge – **intestina**, -orum n.: Eingeweide – **ventriculus**, -i m.: Magen – **fetus**, -us m.: Kind, Junges – **subrogare** 1: beschaffen, sorgen für – **articulatus** 3: deutlich – **donare** 1: nachlassen, verzeihen – **promere** 3, prompsi, promptum: hervorbringen – **commentari** 1: niederschreiben – **annales**, -ium m.: Jahrbücher – **diurna**, -orum n.: Tagesbericht

Übersetzung

Gesetzt den Fall, ein Ochse oder irgendein Tier von denen, das zur Versöhnung und Besänftigung des Götterzornes geschlachtet wird, nähme menschliche Stimme an und spräche mit folgenden Worten: „O Jupiter oder welch anderer Gott immer du bist, ist es also menschengemäß und richtig oder in irgendeiner Auffassung von ethischer Gerechtigkeit unterzubringen, daß, wenn ein anderer ein Vergehen begangen hat, ich getötet werde und du es zuläßt, daß man mit meinem Blut dir Genugtuung leistet, der ich dich doch nie gekränkt, niemals wissentlich oder unwissentlich deine göttliche Erhabenheit beleidigt habe, ich – ein stummes Tier, wie du weißt, das nur seiner unverdorbenen Natur Folge leistet und nicht durch vielfältige, unterschiedliche Charakterzüge auf Abwege kommt? Habe ich etwa Spiele dir zu Ehren zu wenig ehrfürchtig und aufmerksam veranstaltet? Habe ich etwa irgendeinen Priester, der deinen Namen verunehrt hätte, vor mir [beim Opfer] herschreiten lassen? Habe ich bei dir einen Meineid geschworen? Habe ich etwa in frevlerischem Diebstahl dir dargebrachte Gaben räuberisch entwendet? Habe ich etwa hochheilige Haine gerodet oder irgendwelche verehrungswürdige Plätze durch private Bautätigkeit befleckt und entweiht? Was also ist der Grund, daß ein anderer durch mein Blut von seinem Verbrechen reingewaschen wird und man gegen den Frevel eines Fremden mein unschuldiges Leben einsetzt? Etwa weil ich minderwertig bin, ein Tier ohne Vernunft und ohne die Fähigkeit zum Planen – wie die behaupten, die sich Menschen nennen und an Wildheit Bestien übertreffen? Hat nicht dieselbe Natur auch mich aus denselben Elementen hervorgebracht und ausgerüstet? Ist es nicht ein Hauch, der sie und mich belebt? Atme und sehe ich nicht in ganz ähnlicher Weise, treffen mich nicht dieselben Sinneseindrücke? Sie [die Menschen] haben eine Leber, eine Lunge, ein Herz, Eingeweide, einen Magen: Ist nicht auch mir dieselbe Anzahl von Körperteilen gegeben? Sie lieben ihre Nachfahren und kommen zusammen, um Kinder zu zeugen: Kümmere nicht auch ich mich um Beschaffung von Nachkommenschaft und hege sie zärtlich, wenn sie geboren ist? Aber ja, sie sind vernunftbegabt und geben artikulierte Laute von sich! Und woher wollen sie wissen, ob nicht auch ich meine Handlungen entsprechend meiner Planung ausführe und die Stimme, die ich hervorbringe, nicht die Worte meiner Art sind und nur von unsereinem verstanden werden? Frage

doch die Göttin Pietas, ob es denn eher angebracht ist, daß ich getötet, ich zunichte werde, oder daß dem Menschen Nachsicht und Straffreiheit für sein Verbrechen geschenkt wird. Wer hat das Eisen zum Schwert geformt? Etwa nicht der Mensch? Wer hat Völkern Niederlagen, Volksstämmen Versklavung gebracht? Etwa nicht der Mensch? Wer hat Eltern, Geschwistern, Ehefrauen und Freunden Todesbecher kredenzt und zusammengebraut? Etwa nicht der Mensch? Wer hat so viele Bosheiten erfunden und sich ausgedacht, wie sie in zehntausend Bänden von Jahres- und Tagesberichten nicht darstellbar sind? Etwa nicht der Mensch? Ist es also nicht grausam, nicht ungeheuerlich, nicht bestialisch, scheint es dir, Jupiter, nicht ungerecht und barbarisch, daß ich getötet, ich geschlachtet werde, um dich zu besänftigen und Verbrechern Straffreiheit zuteil werden zu lassen?“
Übersetzung: Smolak

Ergänzungstext:
Anselm Turmeda (1417/18), *Disputation des Esels gegen Frater Anselm*

Im folgenden fiktiven Streitgespräch stellt der Esel die Vormachtstellung des Menschen in Frage, welche dieser sich innerhalb der Schöpfung zuschreibt.

Frater Anselm spricht zu dem Esel
Hochverehrter Esel, der Vernunftgrund, um zu beweisen, dass wir [Menschen] von größerem Adel und Wert sind als ihr anderen Tiere und wir aus gerechtem Grund euere Herren sein müssen, liegt darin, dass wir euch verkaufen und kaufen, wir euch zu essen und trinken geben und euch vor Hitze und Kälte schützen, vor Löwen und Wölfen, und wir geben euch Arzneien, wenn ihr krank seid. All das machen wir aus Mitleid und Erbarmen, das wir mit euch haben. Und im Allgemeinen tut doch niemand solche Werke des Mitleids, außer Herren ihren Untertanen und Sklaven gegenüber.

Der Esel antwortet Frater Anselm

Frater Anselm, euere Begründung hat wenig Wert, denn wenn wir euere Untertanen und Sklaven sein sollen und ihr unsere Herren, weil ihr uns kauft und verkauft, dann müsste das auch für Christen und Mauren gelten – aber das ist nur bei Gewaltanwendung und Übergriffen so: Und wo Gewalt regiert, gibt es keinen Raum für Recht und Vernunft. Und was das betrifft, dass ihr sagt, ihr gebt uns zu essen und zu trinken und bewahrt uns vor Kälte, Hitze und allem Übel – das tut ihr ausschließlich, um selbst davon zu profitieren! Unser Übel ist ja euer Schaden, und ihr tut das nicht aus Erbarmen oder Mitleid, welches ihr mit uns hättet, sondern ihr macht das aus der Sorge, die ihr habt, dass wir nicht sterben, denn durch unseren Tod verliert ihr das Geld, mit dem ihr uns erworben habt. Ihr würdet nämlich keine Milch trinken, keinen Käse essen, weder Butter noch Sahne; hättet keine Wolle, um Tuch herzustellen, keine Schafshäute, um Pelzwaren zu erzeugen: Ihr würdet ohne unsere Hilfe vor Kälte sterben, zu Fuß gehen und die Lasten auf euerem Hals als Sattel tragen! Und was das angeht, dass ihr sagt, ihr habt Mitleid mit uns: Ihr nehmt die Lämmer, Kälber und Geißlein, trennt sie von ihren Müttern, sperrt sie ein und lasst sie verdursten, um jene Milch zu trinken oder daraus Käse zu machen, welche Gott zur Nahrung der Jungtiere bestimmt hat, obschon ihr sehr gutes Wasser habt und viele verschiedene Weinsorten, die ihr trinken könnt! Haben Sie, Frater Anselm, das irgendwann gesehen, dass irgendjemand unter uns Tieren Milch getrunken hätte, nachdem er seinen Durst gestillt hat oder entwöhnt war? Aber euere Völlerei und Gourmandise ist so groß, dass man sie weder nennen noch zählen kann. Weiter, was noch schlimmer ist, ihr nehmt die Kälber, Böcklein und Lämmer und tötet sie, enthäutet sie danach und zerhaut sie in Stücke, ihr frikassiert ihre Innereien und lasst ihr Fleisch im Kessel kochen und röstet sie in der Gegenwart ihrer Väter und Mütter, mit denen ihr ein Gleiches tut, indem ihr sie in der Gegenwart ihrer Kinder röstet. Und doch schweigen sie und ertragen mit großer Geduld alle diese Qualen und Grausamkeiten. Wo ist denn da das Erbarmen und Mitleid, das ihr mit den Tieren zu haben behauptet? Je mehr ihr redet, desto mehr irrt ihr, und große Schande bringt ihr über euch selbst, denn die Leute meinen, ihr seid weise und verständig; hörten sie aber euere Worte, würden sie euch für närrisch und ignorant halten!

Übersetzung aus der französischen Fassung:
Dinzelbacher, aus: Tiere als Freunde, 258-260

Literatur in Auswahl

Arnobii adversus nationes libri VII rec. et commentario critico instruxit Augustus REIFFERSCHEID, Vindobonae 1875 (CSEL. Corpus scriptorum ecclesiasticorum Latinorum 4).

SMOLAK, Kurt, Das Opfertier als Ankläger. In: ALEXANDRIDIS, Annetta / WILD, Markus / WINKLER-HORAČEK, Lorenz (Hgg.), Mensch und Tier in der Antike. Grenzziehung und Grenzüberschreitung, Wiesbaden 2008, 205-215.
Übersetzung des Auszuges aus Arnobius, *Adversus nationes*: 214.

Tierische Lieblinge der RömerInnen

von Gabriela Kompatscher Gufler

Lesbias Sperling: Catull (84-54 v. Chr.), c. 2

Zu Catull vergleiche auch c. 3, das Trauergedicht auf Lesbias Sperling in diesem Buch.

Passer, deliciae meae puellae,
quicum ludere, quem in sinu tenere,
cui primum digitum dare appetenti
et acris solet incitare morsus,
cum desiderio meo nitenti
carum nescioquid libet iocari,
et solaciolum sui doloris,
credo, ut tum gravis acquiescat ardor;
tecum ludere sicut ipsa possem
et tristis animi levare curas!

deliciae, -arum f.: Liebling – **quicum** = *quocum* – **primus digitus**: die Fingerspitze – **desiderium**, -ii n.: hier: der Gegenstand der Sehnsucht – **nescioquid**: irgendetwas – **solaciolum**: Trost (Diminutiv von *solacium*) – **acquiescere** 3, acquievi: zur Ruhe kommen – **tristis** = *tristes*

Übersetzung

Spatz, Liebling meines Mädchens,
mit dem sie zu spielen, den sie im Gewandbausch zu halten,
dem sie, wenn er danach verlangt, die Fingerspitze hinzuhalten
und den sie zu heftigem Schnabelpicken zu reizen pflegt,
wenn es meinem strahlenden Liebling
nach irgendeinem liebevollen Spielchen gelüstet,
als Trost in ihrem Kummer,
damit sich dann, so glaube ich, die Liebesglut abkühle;
könnte ich wie sie selbst mit dir spielen
und Schmerz und Sorge meines Herzens lindern!
Übersetzung: Kompatscher

Literatur in Auswahl

Catullus. Ed. with a textual and interpretative commentary by D. F. S. THOMSON, Toronto [u.a.] 2003 (Phoenix Supplementary volume 34).

HOLZBERG, Niklas, Catull. Der Dichter und sein erotisches Werk, München 2002.

SCHUSTER, Mauriz, Der passer Catulls (Zu Catull C. 2 und 3), Wiener Studien 46 (1927/1928), 95-100.

Martial (ca. 40-103/4 n. Chr.), VII, 87

Zu Martial vergleiche auch die Hunde-Epigramme I, 109 („Issa") und XI, 69 („Lydia") in diesem Buch.

Si meus aurita gaudet lagalopece Flaccus,
si fruitur tristi Canius Aethiope;
Publius exiguae si flagrat amore catellae,
si Cronius similen cercopithecon amat;
delectat Marium si perniciosus ichneumon,
pica salutatrix si tibi, Lause, placet;
si gelidum collo nectit Cadilla draconem,
luscinio tumulum si Telesilla dedit:
blanda Cupidinei cur non amet ora Labyrtae
qui uidet haec dominis monstra placere suis?

auritus 3: langohrig – **lagalopex**, -cis f.: um was für ein Tier es sich hierbei handelt, ist unsicher; eventuell um einen Luchs, einen Fuchs oder einen Fennek – **Aethiops**, -opis m.: Äthioper – **catella**, -ae f.: Hündchen – **cercopithecus**, -i m.: Meerkatze – **ichneumon**, -onis m.: marderähnliches Raubtier – **pica**, -ae f.: Elster – **salutatrix**, -icis f.: begrüßend, grußfreudig – **luscinius**, -i m.: Nachtigall – **tumulus**, -i m.: Grabhügel – **Cupidineus** 3: dem Liebesgott gleich – **Labyrtas**, -ae: Name eines Sklaven

Übersetzung

Wenn mein Flaccus glücklich ist, einen Luchs mit langen Ohren zu besitzen,
wenn Canius Gefallen an einem finsteren Äthiopen hat;
wenn Publius vor Liebe zu einem winzigen Hündchen erglüht,
wenn Cronius eine Meerkatze liebt, die ihm ähnlich ist;
wenn dem Marius ein bedrohliches Ichneumon Spaß macht,
wenn dir, Lausus, die Elster gefällt, die dich immer begrüßt;
wenn Cadilla eine eisige Schlange um ihren Hals schlingt,
wenn Telesilla ihrer Nachtigall einen Grabhügel weiht:
Wer sieht, wie diese Absonderlichkeiten ihren Besitzern gefallen,
weshalb sollte der nicht das reizende Gesicht von Labyrtas lieben, der dem Amor gleicht?
Übersetzung: Barié / Schindler

Literatur in Auswahl

Marcus Valerius Martialis. Epigramme. Lateinisch-deutsch. Herausgegeben und übersetzt von Paul Barié und Winfried Schindler, Düsseldorf [u.a.] 1999.

Holzberg, Niklas, Martial und das antike Epigramm, Darmstadt 2002.

Martials Issa und ihre literarischen „Welpen“

von Sonja Schreiner

Der kaiserzeitliche Epigrammatiker Marcus Valerius Martialis (ca. 40-103/4 n. Chr.) aus dem spanischen Bilbilis gilt als Schöpfer des Epigrammbuchs. Als Verfasser von etwa 1500, thematisch und stilistisch sehr unterschiedlichen Epigrammen hat er die Gattung geprägt wie kein anderer Autor. Sein Werk umfasst zwölf Bücher *Epigramme*, den (unvollständig erhaltenen) *Liber spectaculorum* („Das Buch der Schauspiele“), der anlässlich der Eröffnung des Kolosseums im Jahr 80 n. Chr. publiziert wurde und die Einweihungsspiele literarisch dokumentiert, und die *Xenia* und *Apophoreta*. Dabei handelt es sich um zwei sehr spezielle Epigrammbücher, die eine Fülle von zum Teil verrätselten Zweizeilern enthalten, die als raffinierte literarische Aufschriften für Geschenke fungierten.

In nicht wenigen von Martials Epigrammen spielen Tiere eine wichtige Rolle. Sie haben denkbar unterschiedliche Funktion: Das Spektrum reicht von vor einer großen Öffentlichkeit dargebotenen Dressurnummern bis zur ganz privaten Mensch-Tier-Beziehung, die erst durch den Dichter Öffentlichkeit bekommt: I, 109 singt Martial einen Hymnus auf Issa, das Schoßhündchen eines gewissen Publius. Der Dichter schildert die kleine Hündin so vermenschlicht, dass es mehrere Verse dauert, bis man als LeserIn zweifelsfrei begreift, dass Martial ein geliebtes – und augenscheinlich hübsches – Tier beschreibt und nicht einen Menschen:

Issa est passere nequior Catulli,
Issa est purior osculo columbae,
Issa est blandior omnibus puellis,
Issa est carior Indicis lapillis,
Issa est deliciae catella Publi.
Hanc tu, si queritur, loqui putabis;
sentit tristitiamque gaudiumque.
Collo nixa cubat capitque somnos,
ut suspiria nulla sentiantur;
et desiderio coacta ventris
gutta pallia non fefellit ulla,
sed blando pede suscitat toroque
deponi monet et rogat levari.
Castae tantus inest pudor catellae,
ignorat Venerem; nec invenimus
dignum tam tenera virum puella.
Hanc ne lux rapiat suprema totam,
picta Publius exprimit tabella,
in qua tam similem videbis Issam,

ut sit tam similis sibi nec ipsa.
Issam denique pone cum tabella:
Aut utramque putabis esse veram,
aut utramque putabis esse pictam.

catella, -ae f.: Hündchen, kleiner Hund, Schoßhund – **vir**, viri m.: hier: Männchen – **lux suprema**: hier: Todestag, Sterbetag

Übersetzung

Issa, neckischer als Catullus' Piepmatz,
Issa, reiner noch als der Kuß der Taube,
Issa, schmeichelnder als die Mädchen alle,
Issa, teurer sogar als indische Perlen,
Issa, Publius' Lieblingshündchen ist es.
Klagt sie, möchte man glauben, daß sie redet;
Trauer fühlt sie mit ihm, sowie die Freude,
legt sich ihm an den Hals und ruht und schlummert,
ohne daß man ihr Atmen nur vernähme.
Wenn ein leiblich Bedürfnis sie befallen,
hat kein Tropfen die Decke je getroffen;
nein, mit schmeichelnder Pfote stößt und mahnt sie,
sie zu lassen vom Bett, und fleht um Hilfe.
Und so groß ist die Scham des keuschen Hündleins:
es weiß nichts von der Liebe, und wir fanden
noch kein Männchen, das wert so zarten Mägdleins.
Daß nicht völlig der letzte Tag sie raube,
zeigt sie Publius hier gemalt im Bilde,
drauf man Issa so ähnlich wiederfindet,
daß sie nicht einmal selber sich so ähnlich.
Stelle Issa nur und das Bild zusammen,
man wird beide für wirklich lebendig halten,
oder beide für nur gemalte halten.
Übersetzung: nach Helm

Durch eine Fülle intertextueller Verweise ist das Epigramm fest in der literarischen Tradition verankert. Es hat seinerseits eine nicht zu unterschätzende Wirkungsgeschichte entfaltet. – Zwei Beispiele sollen genügen, zwischen denen mehr als 1000

Jahre liegen. – Luxurius schrieb im 6. Jh. ein Epigramm *De catula sua brevissima, ad domini sui nutum currente*:

Forma meae catulae brevis est, sed amabilis inde,
  hanc totam ut possit concava ferre manus.
Ad domini vocem famulans et garrula currit,
  humanis tamquam motibus exiliens.
Nec monstrosum aliquid membris gerit illa decoris:
  Omnibus exiguo corpore visa placet.
Mollior huic cibus est somnusque in stramine molli;
  Muribus infensa est, saevior atque catus.
Vincit membra nimis latratu parvula torvo;
  si natura daret, posset ab arte loqui.

Übersetzung

Von seiner kleinen Hündin, die auf einen Wink ihres Herrn herbeilief.
Die Gestalt meiner kleinen Hündin ist winzig, aber gerade deshalb bezaubernd,
weil sie als ganze in eine hohle Hand passt.
Wenn sie die Stimme ihres Herrn hört, läuft sie beflissen unter Gebell herbei
und springt mit menschlich wirkenden Bewegungen in die Höhe.
Und nichts Widernatürliches hat sie an ihren zierlichen Gliedern:
Allen, die sie sehen, gefällt sie wegen ihres zarten Wuchses.
Sie bekommt weicheres Futter und darf auf weichem Lager schlafen;
den Mäusen ist sie feindlich gesinnt, grimmiger als eine Katze.
Ihre körperliche Schwäche macht sie mit bedrohlichem Gebell wett;
wenn es die Natur gewährte, könnte sie nach allen Regeln der Kunst sprechen.
Übersetzung: Kompatscher, aus: Tiere als Freunde, 36

Um die Mitte des 18. Jhs. erlebte Martials Issa (und Luxurius' *catula*) eine späte Nachblüte. Damals erfreuten sich in ganz Europa literarische Zeitschriften großer Beliebtheit: Texte unterschiedlichster Gattungen wurden in diesen regelmäßig erscheinenden Journalen einer vergleichsweise breiten Öffentlichkeit zugänglich gemacht. Heute ist dieses Medium weitgehend verschwunden. (Bis vor etwa zwanzig Jahren gab es in Österreich die „Romanzeitung", in der in (wenn auch bedingt) vergleichbarer Weise Woche für Woche zu erschwinglichen Preisen Romane als Fortsetzungen gedruckt wurden. Deutsche Qualitätszeitungen – z.B. die *Frankfurter Allgemeine Zeitung* – bringen bis heute ausgewählte literarische Neuerscheinungen als so genannte „Vorabdrucke". Heute wie damals ist mit der Aufnahme (oder Ablehnung) eines Textes ein Qualitätsurteil verbunden.)

Der hier abgedruckte Text – die *Lob- und Trauerode auf einen verstorbenen Mopshund* – des heute weitgehend unbekannten Dichters J.F. Zernitz – d.i. Christian Friedrich Zernitz (1717-1744) – erschien 1742 in den *Belustigungen des Verstandes und des Witzes*, einem in Leipzig verlegten und von keinem Geringeren als dem „Literaturpapst" Johann Christoph Gottsched redigierten, langlebigen und durchaus erfolgreichen Periodikum.

Als Motto für den gesamten, mehrere hundert Seiten starken Band wählt der Herausgeber den sprichwörtlich gewordenen Vers 333 aus der *Ars poetica* („Dichtkunst") des berühmten augusteischen Dichters Quintus Horatius Flaccus: *aut prodesse volunt aut delectare poetae* („Nützen oder erfreuen wollen die Dichter"):

Ein Trauerlied soll deinen Ruhm erwähnen,
Verstorbner Mops, mir lieb gewesner Hund!
Denn weiht dir gleich die Phyllis[48] herbe Thränen,
Und klagt um dich Selindens[49] holder Mund:
So wird dein Werth, doch nicht mein Dank, erwiesen,
Den dein Verdienst allein von mir erwirbt.
Mit beßrer Pflicht wirst du von mir gepriesen,
Als wenn der Noth ein falscher Gönner stirbt.

Ich habe dich mit Sorgfalt auferzogen,
Und meinen Fleiß belohnet deine Treu.
Bekannten zwar, doch mir weit mehr gewogen,
Verkehrtst du nie bey mir die Gunst in Reu.
Ich war bemüht, dich früh zu unterrichten,
Und manche Kunst erlernt dein reger Geist.
Ich zeigte dir die Uebung kluger Pflichten,
Die einen Hund vom Hundepöbel reißt.

Du naschtest nicht bey aufgetragnen Speisen,
So lieb dir auch ein guter Bissen blieb.
Beym Teller dich nicht geizig zu beweisen,
War halbe Kunst und halb ein eigner Trieb.
Auch nicht, wie sonst viel große Hunde pflegen,
Wenn Eigennutz den kleinen Vorrath frißt,
Warst du bemüht, dir Schätze beyzulegen,
Die Phylax[50] läßt, wenn er gestorben ist.

Ein muntres Herz war dir wohl angebohren;
Kaum kam zu mir ein unbekannter Mann:
So horchtst du schon mit abgeschnittnen Ohren,[51]
Und zeigtst ihn mir durch leises Murren an.
Itzt seh ich nur des Polsters leere Stelle;
Und wenn ich oft bey Büchern ruhig bin:
Betrieg ich mich, als hört ich dein Gebelle;
Allein du schweigst, du starbst, du bist dahin.

---

48 Phyllis: typischer Mädchenname in der zeitgenössischen Dichtung.
49 Selinde: typischer Mädchenname in der zeitgenössischen Dichtung.
50 Phylax: ein bereits in der Antike beliebter Name für einen Wachhund.
51 Dem Mops wurden die Ohren kupiert.

Im leisen Schlaf und wachsam bis zum Morgen,
Ruhtst du bey mir, durch manche stille Nacht,
Doch ungequält von trüb- und dunklen Sorgen,
Wodurch der Geiz in schwehren Träumen wacht.
Ein klein Getös, das eine Maus erreget,
Hat dich zwar schnell, doch nie zur Furcht, erweckt,
Die Menschen oft, indem es zwölfe schläget,
Im kalten Schweiß, mit Poltergeistern schreckt.[52]

Ich konnt an dir des Wetters Aendrung wissen;
Du wurdest krank bey meinem Zeitvertreib;
Dein Mund verschmäht von meiner Hand den Bissen,
Allein dieß wirkt die Luft auf deinen Leib.
Dein fromm Gemüth kann dir mehr Ruhm erwerben;
Du hast ja nie den falschen Wahn gestärkt,
Daß man mit Gram der Hausgenossen Sterben
Aus dem Geheul von kranken Hunden merkt.

Wer sah dich je im steifen Modenkleide?
Dich schmückt allein ein perlengraues Haar,
Ein krauser Schweif, bewegt aus stiller Freude,
Ein schwarzes Maul, das doch gefällig war.
Ein jedes Glied, am andern wohl gefüget,
Borgt sich nicht Schmuck, aus fremder Kunst, zur Schmach;
Doch hat mich oft dein kurzer Hals vergnüget.
Um den gekrümmt ein Band mit Schellen[53] lag.

Kein Eigensinn entzog dich meinem Willen,
Und wenn ich dir ein wenig Zucker[54] wies:
So warst du da, mehr Pflichten zu erfüllen,
Als sonst mein Scherz dir auszuüben hieß.
Du wußtest dich lebendig todt zu stellen;
Dich konnt ein Sprung zum Sitzen schnell erhöhn;
Gleich hört ich dich die Losung dreymal bellen;
Dann tanztest du mit mir natürlich schön.

O! viele Lust ist mir durch dich verschwunden;
Du spielst nicht mehr mit Schlüssel, Hand und Ball;
Im stillen Wald bey müßig öden Stunden,
Fehlst du mir noch zum nahen Wasserfall.[55]

---

[52] Im 18. Jh. kam dem Aberglauben eine nicht unbedeutende Rolle zu.

[53] Properz IV, 8, 28 werden die Halsbänder von Molossern, großen Wachhunden, die im speziellen Fall aber als Haushunde gehalten werden, detailliert beschrieben.

[54] Die Futtermittelindustrie ist eine moderne Entwicklung; daher belohnte man Tiere mit Leckereien, von denen auch heute noch manche Tierbesitzer nicht zu wissen scheinen, wie schädlich sie sind.

Denn werd ich mich im Schatten dort verweilen,
Und Chloris[56] kömmt von fern zu dieser Ruh:
So wirst du ihr nicht mehr entgegen eilen,
Als brächtst du ihr mein froh Willkommen zu.

Ihr Weisen sagt; welch Beywort Mops verdiene,
Und ob man ihn wohl halb vernünftig preist?
Er war nicht nur die künstlichste Maschine;
Sein Wesen wies auch einen klugen Geist.
Vom Augenmaaß schloß er auf seine Stärke;
Er sprang aufs Bett, und trafs, so hoch ers meynt.
Ein klares Bild dient ihm zum Augenmerke,
Er kannte mich und kannt auch meinen Freund.

Er legte sich im Zimmer mir zur Seiten;
Doch holt' ich nur mein sonst gewohntes Kleid:
So ließ er gern den Stuhl, mich zu begleiten;
Er lief zur Thür und kratzt und schien erfreut.
Erfahrung war die Quelle seiner Schlüsse;
Was Schmerzen macht, erwählt er nicht zur Lust:
Auch fühlt er sich durch fremder Hunde Bisse;
Und so war Mops sich seiner selbst bewußt.

Doch, werther Hund, durch deine schönen Glieder
Drang jüngst ein Schmerz, der dich bald fühllos macht;
Du wurdest krank, du warfst dich krümmend nieder;
Dein Winseln währt gelassen durch die Nacht.
Früh scheinet mir dein bräunlich Auge trübe,
Doch flehtst du nicht um Frist im bangen Ruf;
Und dich entseelt die erste Frucht der Liebe,
Im Zweck, wozu dich die Natur erschuf.

Wie wirds mit dir nach deinem Tode werden,
Da dir die Zeit den edlen Körper raubt?
Der Trost fällt hin: Du kämst zurück auf Erden;
Da man nicht mehr der Seelenwandrung glaubt.
Nichts stört den Gram, der mich bis itzt betäubet,
Nichts wirkt mir Trost, da Mops, mein Hund, erstarrt,
Als daß sein Stoff untheilbar daurhaft bleibet,
Und man mit ihm nicht seinen Ruhm verscharrt.

Der Mops war ein Modehund des 18. Jhs., der im Unterschied zum modernen ‚Ideal' noch nicht an Brachyzephalie litt. Die Vertreter der liebenswerten Rasse waren vor

[55] Hier wird ein klassischer *locus amoenus*, ein „lieblicher Ort", beschrieben, wie er v.a. in der bukolischen Dichtung (= Hirtendichtung) beliebt ist.

[56] Chloris: Name der Freundin des Dichters.

250 Jahren noch sportliche und vitale Begleiter ohne Atemnot. Der Hund in Zernitzens Ode starb nicht an Überhitzung, wie es heute immer wieder geschieht; vielmehr überlebte das Hundemädchen (analog zu Margarita, der Hundedame aus dem 2. Jh.) eine Geburt nicht (v. 95f.). Das trauernde Herrchen verarbeitet den Verlust poetisch und findet Trost in dem Gedanken, seiner Hündin eine *posteritas*, ein Nachleben (und ein ehrendes Angedenken), zu bewahren, indem er ihre Vorzüge festhält. Auch über die passende Gattung hat er sich Gedanken gemacht und sich für eine (hehre) Ode entschieden. Gleichzeitig handelt es sich um die gelungene Transformation einer Gattung: Martial bedichtet ein Bild, für das ein Hund Porträt gesessen hat. Zernitz besingt einen echten Hund – vor einer Vielzahl literarischer Folien.

Literatur in Auswahl

Das Epigramm. Zur Geschichte einer inschriftlichen und literarischen Gattung (hg. von Gerhard PFOHL), Darmstadt 1969.

WIEGAND, Hermann, Kommentierte Auswahlbibliographie zum Epigramm in der antiken Tradition, Der Altsprachliche Unterricht 38, 6 (1995), 6-8.

Catulli Veronensis liber, ed. Werner EISENHUT, Leipzig 1983.

Gaius Valerius Catullus. Gedichte (1-60, 69-116) – Carmina, lat.-dt., hg., übers. und erläutert von Werner EISENHUT, Düsseldorf / Zürich 1999 (Tusculum Studienausgaben).

SYNDIKUS, Hans Peter, Catull. Eine Interpretation. 1. Teil: Einleitung. Die kleinen Gedichte (1-60), Darmstadt 1984; 2. Teil: Die großen Gedichte (61-68), Darmstadt 1990; 3. Teil: Die Epigramme (69-116), Darmstadt 1987 (Impulse der Forschung 46, 55 & 48; 3., um einen bibliograph. Nachtrag erw. Aufl. 2001).

M. Valerii Martialis Epigrammata, post W. HERAEUM ed. David R. SHACKLETON BAILEY, Stuttgart 1990.

M. Valerius Martialis. Epigramme, lat.-dt. von Paul BARIÉ und Winfried SCHINDLER, Düsseldorf / Zürich 1999; ²2002 (Sammlung Tusculum).

Martial. Epigramme, eingeleitet & im antiken Versmaß übertragen von R. HELM, Zürich / Stuttgart 1957.

A Commentary on Book One of the Epigrams of Martial, by P. HOWELL, London 1980.

HOLZBERG, Niklas, Martial, Heidelberg 1988.

HOLZBERG, Niklas, Martial und das antike Epigramm. Eine Einführung, Darmstadt 2002.

SZELEST, Hanna, Martial – eigentlicher Schöpfer und hervorragendster Vertreter des römischen Epigramms, ANRW. Aufstieg und Niedergang der römischen Welt II 32.4 (1986), 2563-2623.

Luxorius. A Latin Poet among the Vandals, ed. & transl. M. ROSENBLUM, New York / London 1961.

Anthologia Latina I: Carmina in codicibus scripta, fasc. I: Libri Salmasiani aliorumque carmina, ed. David R. SHACKLETON BAILEY, Stuttgart 1982.

Tiere als Freunde im Mittelalter. Eine Anthologie. Eingeleitet, ausgewählt, übersetzt und kommentiert von Gabriela KOMPATSCHER zusammen mit Albrecht CLASSEN und Peter DINZELBACHER, Badenweiler 2010.

SONDERMANN, Frieder, Notizen über einige Hunde-Epitaphe des Grafen Hoditz (1706-1778), Zeitschrift für Deutsche Philologie 115 (1996) [Sonderheft], 16-32.

ULBRICH, Franz, Die Belustigungen des Verstandes und des Witzes. Ein Beitrag zur Journalistik des 18. Jahrhunderts, Leipzig 1911.

Canis lupus familiaris – polyglott

von Sonja Schreiner

Man kann auch ohne Mops leben, hat der bekannte deutsche Humorist Vicco von Bülow, besser bekannt unter seinem Künstlernamen Loriot, einmal gesagt: *Es lohnt sich nur nicht.* Ersetzt man ‚Mops‘ durch ‚Hund‘ und begibt sich wie der Jagdhund beim Älteren Plinius, der seinen Herrn VIII, 147 an der Schleppleine zur Jagdbeute zieht, auf Fährtensuche in der Weltliteratur, *muss* man nicht weit zurückgehen, um Literatur auf Hunde zu finden: Vom Kinder- und Jugendbuch wie dem Roman *Ihr bester Freund* der österreichischen Kinderbuchautorin Helene Weilen, in dem bereits in den 1950er Jahren erstaunlich modern die innige Beziehung eines Mädchens zu seinem Blindenhund[57] beschrieben wird, über Klassiker wie *Krambambuli* oder *Lassie* reicht das Spektrum bis zu diversen Büchlein für Hundefreunde, in denen, begleitet von hübschen Bildern, in Form einer Blütenlese allerlei Aussagen berühmter LiteratInnen, KünstlerInnen und MusikerInnen über Hunde zusammengestellt sind. Der Piper-Verlag hat sogar ein *Lexikon der berühmten Tiere* herausgebracht, in dem der Hund – wenig erstaunlich – breiten Raum einnimmt.[58]

Man *kann* aber weit zurückgehen, ja man *soll* es sogar, da spätestens seit der *Odyssee* der Hund seinen unverrückbaren Platz als treuer Gefährte des Menschen hat: Der steinalte Argos ist der Einzige, der nach einer ganzen Hundeewigkeit, nach zwanzig Jahren, seinen Herrn Odysseus wiedererkennt (*Odyssee* XVII, 290-327):

Also besprachen diese sich jetzo untereinander.
Aber ein Hund erhob auf dem Lager sein Haupt und die Ohren,
Argos, welchen vordem der leidengeübte Odysseus
Selber erzog; allein er schiffte zur heiligen Troja,
Eh' er seiner genoß. Ihn führten die Jünglinge vormals
Immer auf wilde Ziegen und flüchtige Hasen und Rehe;
Aber jetzt, da sein Herr entfernt war, lag er verachtet
Auf dem großen Haufen vom Miste der Mäuler und Rinder,
Welcher am Thore des Hofes gehäuft ward, daß ihn Odysseus'

---

57 Der therapeutischen Bedeutung und erzieherischen Komponente von Tieren für Kinder, alte und kranke Menschen und solche mit besonderen Bedürfnissen verschreibt sich seit vielen Jahren der Verein *TAT. Tiere als Therapie* (http://www.tierealstherapie.org/; 21.07.2014). Die meisten Tiere, die mit ihren menschlichen PartnerInnen ehrenamtlich im Einsatz sind, sind Hunde. Daneben gibt es aber eine erstaunliche Bandbreite: von der Schildkröte bis zur (dreibeinigen) Ziege.

58 Karen DUVE / Thies VÖLKER, Lexikon der berühmten Tiere. Von Alf und Donald Duck bis Pu der Bär und Ledas Schwan, München 1999 = Lexikon berühmter Tiere, Frankfurt am Main 1997.

Knechte von dannen führen, des Königes Aecker zu düngen;
Hier lag Argos, der Hund, von Ungeziefer zerfressen.
Dieser, da er nun endlich den nahen Odysseus erkannte,
Wedelte zwar mit dem Schwanz und senkte die Ohren herunter,
Aber er war zu schwach, sich seinem Herren zu nähern.
Und Odysseus sah es und trocknete heimlich die Thräne,
Unbemerkt von Eumaios, und fragete seinen Begleiter:
Wunderbar ist es, Eumaios, daß dieser Hund auf dem Miste
Liegt! Sein Körper ist schön von Bildung; aber ich weiß nicht,
Ob er mit dieser Gestalt auch schnell im Laufe gewesen
Oder so, wie die Hund' um der Reichen Tische gewöhnlich
Sind; denn solche Herren erziehn sie bloß zum Vergnügen.
Ihm antwortetest du, Eumaios, Hüter der Schweine:
Freilich! denn dies ist der Hund des ferne gestorbenen Mannes.
Wär' er derselbige noch an Gestalt und muthigen Thaten,
Als wie Odysseus ihn, gen Troia schiffend, zurückließ,
Sicherlich würdest du jetzo die Kraft und die Schnelle bewundern!
Trieb er ein Wildbret auf im dichtverwachsenen Waldthal,
Nimmer entfloh es ihm, denn er war auch ein weidlicher Spürhund.
Aber nun liegt er im Elend hier; denn fern von der Heimat
Starb sein Herr, und die Weiber, die faulen, versäumen ihn gänzlich.
Das ist ist Art der Bedienten: sobald ihr Herr sie nicht antreibt,
Werden sie träge zum Guten und gehn nicht gern an die Arbeit.
Zeus' allwaltender Rat nimmt schon die Hälfte der Tugend
Einem Manne, sobald er die heilige Freiheit verlieret.
Also sprach er und ging in die schöngebauete Wohnung,
Eilte dann grad' in den Saal zu den übermütigen Freiern.
Aber Argos umhüllte der schwarze Schatten des Todes,
Da er im zwanzigsten Jahr Odysseus wieder gesehen.
Übersetzung: Voß

Auf diese wundersame und seltsam berührende Begebenheit rekurriert auch Plinius maior, wenn er schreibt (VIII, 146): *soli* – gemeint sind Hunde – *dominum novere et ignotum quoque, si repente veniat, intellegunt* („nur [die Hunde] erkennen ihren Herrn und identifizieren ihn auch als unkenntlichen, wenn er ganz plötzlich kommt").

In der Antike waren Hunde hauptsächlich Gebrauchshunde: Sie wurden vornehmlich als Jagd- und Wachhunde eingesetzt. Schoßhündchen gab es (natürlich) auch. Und alle wurden sie literarisch verewigt – auf denkbar unterschiedliche Art und Weise: Um die Zeitenwende schrieb ein gewisser Grattius ein Lehrgedicht über die Aufzucht und Pflege von Jagdhunden, die *Cynegetica*. 541 Hexameter aus Buch 1 sind erhalten, wobei die letzten bruchstückhaft überliefert sind. Das Fragment lässt starke Vergil-Nachahmung erkennen. Aus der Verbannung spricht der augusteische Dichter Publius Ovidius Naso Grattius *Ex Ponto* IV, 16, 34 seine Anerkennung aus: *aptaque venanti Grattius arma daret* („und dem Jäger gab Grattius ein geeignetes Instrumentarium"). Ovid selbst bettet in seine Actaeon-Erzählung in den *Metamorphosen* (III, 138-252) den berühmten Hundekatalog ein und schildert in grausiger *variatio*, in abwechslungsreicher Schilderung, wie die Hunde – vornehmlich

Hündinnen – ihren Herrn zerfleischen, weil sie ihn nach seiner Verwandlung in einen Hirsch – ins Werk gesetzt von der Göttin Diana, die der junge Jäger durch einen fatalen, für ovidische Erzähltechnik aber nicht untypischen Zufall, nackt beim Baden erblickt hat – nicht mehr als ihren „Rudelführer" (an)erkennen und letztlich mit ihm nur das machen, was sie viele Male davor auf sein Geheiß mit jedem – wenngleich „echten" – Hirsch getan haben. (Interpretationsversuche, Ovid als frühen Kritiker an der Jagd zu sehen, sind vereinzelt unternommen worden; die Vertreter dieses Zugangs konnten sich jedoch – zu Recht – nicht durchsetzen.)

Grattius ist nicht zuletzt unter kynologischem Gesichtspunkt – Kynologie bezeichnet die Lehre vom Hund – von Interesse, da er recht detaillierte Beschreibungen diverser heute nicht mehr existenter Hunderassen liefert, wobei er deren charakterlichen Vorzügen mindestens so viel Bedeutung beimisst wie den streng pragmatisch und rein utilitaristisch aufsummierten, jedoch durchaus auf scharfer Beobachtung beruhenden körperlichen Merkmalen – sichtbaren Zeichen, an denen auch ein Nichtfachmann *prima vista* einen guten Jagdhund von einem ungeeigneten unterscheiden kann. Dazu kommt ein interessanter Passus über die schonende Behandlung schwangerer Hündinnen und ein aus moderner veterinärmedizinischer Sicht abenteuerlicher Abschnitt über Hundekrankheiten, deren Symptome und Therapierung. – Hunde, so schreibt Grattius im Vers 154, kommen aus 1000 Ländern (*mille canum patriae*, „tausend Heimatländer der Hunde [gibt es]"), und der jeweilige Charakter (*mores*) stehe in untrennbarem Zusammenhang mit der Abkunft. Der medische Hund sei zwar nicht gerade ein Musterbeispiel an Unterordnung und Gehorsam, vielmehr sei er schwer erziehbar (*indocilis*), aber er sei ein exzellenter Kämpfer, ähnlich den keltischen Hunden. Die Hunde der Gelonen wiederum können Kämpfen nichts abgewinnen, sind dafür aber sehr klug (*sagax*). Der persische Hund sei ein ideales *mixtum compositum* aus beiden für einen Hund wünschenswerten Eigenschaften (158): *Perses in utroque paratus* („der persische [Hund] eignet sich für beides"). Besondere Wildheit wird den chinesischen Hunden attestiert, besonders leichte Handhabung garantieren die *Lycaones*. Hyrkanische Hündinnen paaren sich angeblich mit Vorliebe mit Wölfen – phantastischerweise aber auch mit anderen Raubtieren –, weil sie mit den Rüden ihrer eigenen Spezies nicht das Auslangen finden; das Resultat sind – wenig überraschend – unschlagbar mutige Welpen. Britannische Hunde sind auch empfehlenswert; sie haben eigentlich nur einen Fehler; sie sind nicht sonderlich hübsch anzusehen (177f.):

> si non ad speciem mentiturosque decores
> pronus es (haec una est catulis iactura Britannis).

Übersetzung

> Wenn du nicht für das rein Äußerliche und Zierden, die etwas vorgaukeln wollen,
> ein Faible hast (das ist der einzige Fehler bei den britannischen Hunden).
> *Übersetzung: Schreiner*

Dass die Optik nicht einmal ein peripheres Beurteilungskriterium der Qualität eines Hundes sein kann, macht Grattius aber gleich im Folgevers deutlich; würde man

Äußerlichkeiten in den Vordergrund treten lassen, dürfte man den *egregi*[i] *Moloss*[i] (181) nicht *die* Bewunderung angedeihen lassen, die ihnen gemeinhin entgegengebracht wird. Die Vorteile lautloser Pirsch exemplifiziert Grattius an den *Acarnanes*, diejenigen unüberbietbarer Schnelligkeit und phantastischer Nasenarbeit an den aetolischen Hunden. Ihr *malignum officium* (187f.), Wildschweine durch Bellen aufzuscheuchen, noch bevor sie sie gesehen haben, wird durch ihre hohe Belastbarkeit wenigstens bis zu einem gewissen Grad wettgemacht.

Die logische Konsequenz, die sich aus diesen Beobachtungen ergibt, ist die Kreuzung der Rassen, um sämtliche Vorzüge in *einer* neuen Rasse zu vereinigen und gleichzeitig unerwünschte Merkmale „wegzuzüchten". (Dass dies gewaltig misslingen kann, hat eindrucksvoll der Puggle bewiesen: eine rezente Kreuzung aus Beagle und Mops [englisch: *pug*].[59] Geplant war ein sanfter und kluger Familienhund mit ansprechendem Äußeren, wobei die stoisch-phlegmatische Grundhaltung des Mops die Gutmütigkeit des Beagles noch verstärken, dafür aber der für Beagles charakteristische ausgeprägte Jagdtrieb und die körperlichen Defizite des Mops [Atemnot und chronisches Schnarchen durch pathologisch verkürzten Fang, sogenannte Brachyzephalie] der Vergangenheit angehören sollten. *De facto* entstanden ist ein optisch überaus ansprechender und in der Zwischenzeit auch sehr nachgefragter Kleinhund mit exakt dem freundlichen Naturell, das beabsichtigt war, jedoch auch mit einer Jagdfreudigkeit, gegen die diejenige des Beagles eine *quantité négligeable* ist.)

Empfängnisbereite Hündinnen sollen, so Grattius, gezielt verpaart werden; die Möglichkeit, auch in Kontakt mit anderen – also: unerwünschten – Rüden zu kommen, muss unterbunden werden, da eine Hündin diesen ebenso suchen würde wie die Rüden. Nur so sei eine gleichmäßige ‚Qualität' aller Welpen gewährleistet. (Dazu ist anzumerken, dass eine Hündin bei einer einzigen Schwangerschaft Welpen von mehreren Rüden bekommen kann; das erklärt auch das teilweise so unterschiedliche Äußere von Wurfgeschwistern.) Während der Schwangerschaft bedürfe die Hündin der Schonung, da sie an sich selbst genug Last zu tragen habe (286f.):

> da requiem gravidae solitosque remitte labores:
> vix oneri super illa suo.

Übersetzung

> Lass der Schwangeren eine Ruhephase und entbinde sie von den gewohnten Pflichten: Kaum wird sie mit ihrer eigenen Last fertig.
> *Übersetzung: Schreiner*

---

59 Hybrid- bzw. Designerhunde, die bewusste Kreuzungen aus traditionellen Hunderassen sind, erfreuen sich seit etwa zwei Jahrzehnten wachsender Beliebtheit. Ratgeberliteratur für FreundInnen dieser speziellen Art von „Mischlingen" belebt den Sach- und Fachbuchmarkt – und die Terminologie: http://de.wikipedia.org/wiki/Hybridhund (21.07.2014).

Doch damit nicht genug: Grattius fordert das, was profitorientierte und unethische Züchter auch heute (angeblich oder tatsächlich?) noch tun: Die schwachen Welpen sollen, zumal sie dem Besitzer später ohnehin wenig Freude machen werden, ‚aussortiert' werden – vorgeblich, um die Hundemutter weniger zu belasten (287-289). Grattius führt detailliert an, wie man die individuelle Prognose für jeden Welpen stellen kann. Die stillende Hündin soll Spezialfutter bekommen und sämtliche Zuwendungen (*blandimenta* – 302), die ihr auch zustehen (*debita* – 301), wie der Dichter unmissverständlich mitteilt. Warum? Damit sie möglichst lange Milch geben kann. Sobald die Welpen abgestillt sind, muss ihr Halter sich um entsprechende Welpennahrung kümmern, damit sie sich weiterhin gut entwickeln können. Hier fügt Grattius einen kleinen moralisierenden Exkurs zu den Nachteilen ein, die Luxus und Verweichlichung nach sich ziehen – bei Hunden wie bei Menschen: Wenig überraschend wird altrömische *simplicitas* orientalischer Üppigkeit gegenübergestellt. – Wie in einem funktionierenden Staatswesen auch braucht das Hunderudel einen *magister* (328), der für Nahrung und Erziehung, Lob und Strafe gleichermaßen zuständig ist.

In den etwas mehr als 200 Versen, die noch folgen (dann bricht der Text ab), wird zunächst die Versorgung von Wunden beschrieben, dann andere Krankheiten, v.a. die Tollwut. Als ihren Auslöser stellte man sich einen kleinen Wurm (*vermiculum dixere* – 387) vor, von dem man annahm, dass er (meist schon im Welpenalter) durch das Maul eindringt und im Endstadium zu Wahnsinn führen kann. Die Therapiemethoden, die in der Folge beschrieben werden, sind abenteuerlich und haben mit Veterinärmedizin, die zu Grattius' Zeit immer noch ausschließlich auf Großtiere wie Kühe und v.a. Pferde beschränkt ist, nichts zu tun. Mit Poesie oder Lyrik hat dieser Textabschnitt nichts mehr gemein.

Das kann man von einem anderen Autor, in dessen Werk Hunde eine nicht unbedeutende Rolle spielen, nicht sagen: Phaedrus instrumentalisiert in zahlreichen seiner *Fabulae Aesopiae* den Hund, um menschliche Charaktermängel schonungslos offenzulegen, manchmal aber auch, um Tugenden hervorzuheben: Ein treuer Wachhund, der sich von einem Dieb nicht mit Futter bestechen lässt (I, 23), ist in seiner Sammlung ebenso vertreten wie ein einfältiger und gieriger Hund, der mit einem Stück Fleisch im Maul durch einen Fluss schwimmt (I, 4), sein Spiegelbild nicht als solches erkennt – wozu Hunde übrigens wirklich nicht imstande sind –, sondern einen Konkurrenten mit fetter Beute im Maul zu erblicken glaubt und beim Versuch, ihm diese abzujagen, alles verliert. Phaedrus variiert dieses Thema, indem er in einer anderen Fabel ein ganzes Hunderudel auftreten lässt, das einen Teich auszutrinken probiert, um eine darin schwimmende Eselshaut leichter an Land ziehen und danach verzehren zu können. Bevor dies jedoch von Erfolg gekrönt ist, sterben die Unersättlichen an kollektiver Magenzerreißung (I, 20). – Nachdenklich stimmt die Fabel I, 19 *Canis parturiens* („Die gebärende Hündin"), in der eine hochschwangere Hündin bei einer Artgenossin Unterschlupf sucht, die ihr aus Mitleid die eigene Hundehütte abtritt. Nach mehreren Monaten, die die Hundemutter mit geschickten Ausflüchten überbrückt, ist die Gastgeberin diejenige, die unterstandslos ist, da sie zu spät merkt, dass sie als Individuum einer ganzen Meute nicht gewachsen ist – ja, nicht gewachsen sein kann.

Entschieden versöhnlicher ist eine artenübergreifende Phaedrus-Fabel, in der ein Hund einer von zwei Protagonisten ist; die Rede ist von III, 7 – *Lupus ad canem* („Der Wolf [spricht] zum Hund"), einer einfallsreichen Variante der horazischen Stadt- und Landmaus (II, 6); Phaedrus stellt ihr als Eröffnungsvers ein einzeiliges Promythion[60] voran (*Quam dulcis sit libertas, breviter proloquar*; „Wie süß die Freiheit ist, will ich kurz verkünden") und beginnt dann mit der Erzählung, die nicht nur den Wert der Freiheit preist, sondern letztlich auch konzediert, dass jeder nach seiner Façon glücklich werden soll.

Cani perpasto macie confectus lupus
Forte occucurrit. Dein salutati invicem,
Ut restiterunt : ‚Unde sic, quaeso, nites?
Aut quo cibo fecisti tantum corporis?
Ego, qui sum longe fortior, pereo fame.'
Canis simpliciter: ‚Eadem est condicio tibi,
Praestare domino si par officium potes.'
‚Quod?' inquit ille. ‚Custos ut sis liminis,
A furibus tuearis et noctu domum.'
‚Ego vero sum paratus: nunc patior nives

[60] Fabeldichter haben zwei Möglichkeiten, um ihren LeserInnen die so genannte *Moral von der Geschicht'* mitzuteilen: als Epimythion, indem die Botschaft, die durch die Fabel vermittelt werden soll, in ein bis zwei Versen an die bereits erzählte Fabel angehängt wird; das, was soeben erzählt wurde, wird damit nochmals auf einer allgemeinen Ebene erklärt. Oder eben – wie hier – als Promythion, indem diese Aussage der Fabel vorangestellt wird und durch den der Moral inhärenten allgemeingültigen Charakter die Neugierde darauf, welche Geschichte der Dichter als einprägsames Beispiel ausgewählt hat, noch zusätzlich steigert.

Imbresque in silvis asperam vitam trahens:
Quanto est facilius mihi sub tecto vivere,
Et otiosum largo satiari cibo?'
,Veni ergo mecum.' – Dum procedunt, aspicit
Lupus a catena collum detritum cani.
,Unde hoc, amice?' ,Nihil est.' ,Dic sodes tamen.'
,Quia videor acer, alligant me interdiu,
Luce ut quiescam et vigilem, nox cum venerit:
Crepusculo solutus, qua visum est, vagor.
Affertur ultro panis; de mensa sua
Dat ossa dominus; frusta iactat familia
Et, quod fastidit quisque, pulmentarium.
Sic sine labore venter impletur meus.'
,Age, si quo abire est animus, est licentia?'
,Non plane est', inquit. ,Fruere, quae laudas, canis:
Regnare nolo, liber ut non sim mihi.'

Übersetzung

Dem wohlgenährten Hund begegnete einmal, recht mager und erschöpft,
ein Wolf. Da grüßten sie einander,
blieben stehen: „Hund, ich bitte dich, wieso siehst du so blendend aus?
Vielmehr – was für ein Futter macht dich so beleibt?
Ich bin doch weitaus stärker, und der Hunger bringt mich um."
Der Hund erwidert schlicht: „Für dich sind die Bedingungen dieselben,
wenn du meinem Herrn den gleichen Dienst erweisen kannst."
„Das wäre?" sprach der Wolf. – „Du mußt nur Wächter an der Schwelle sein
und nachts das Haus vor Dieben schützen."
„Ja, ich bin wohl bereit. Zur Zeit bin ich dem Schnee,
dem Regen ausgesetzt. In Wäldern draußen bringe ich mein rauhes Leben zu.
Viel leichter wäre es für mich, in einem Haus zu leben
Und geruhsam von dem reichen Futter satt zu werden."
„So komm denn mit!" Doch wie sie weitergehen, sieht
der Wolf, daß bei dem Hund der Hals von einer Kette aufgescheuert ist.
„Woher kommt das, mein Freund?" – „Ach, nichts." – „Sag's bitte doch!"
„Ich gelte als ein scharfer Hund; da binden sie bei Tag mich an,
damit ich, wenn es hell ist, ruhe und dann wache, wenn die Nacht gekommen ist.
Zur Zeit der Abenddämmerung macht man mich los; dann kann ich laufen, wie es mir [beliebt.
Und Brot wird mir noch obendrein gebracht; von seinem Mahl
gibt der Herr die Knochen; Brocken wirft mir das Gesinde hin
und jeder, was er grad nicht mag, als Zukost.
So, ganz ohne Mühe, füllt mein Magen sich."
„Hör, wenn du irgendwohin Lust hast wegzugehen, darfst du das?"
„Nein, keinesfalls", erwiderte der Hund. – „Genieße, Hund, was du so lobst!
Ich will nicht König sein, wenn ich dann nicht mein eigener Herr sein kann."
Übersetzung: Oberg

Mit einer ganz anderen Sorte Wachhund in einem ganz anderen Genos hat Tibull – oder seine Dichter-*persona*[61] – I, 6, 32 seine Schwierigkeiten. Dort klagt er darüber, dass Delias kleine Hündin ihn noch bei jedem nächtlichen Rendezvous durch unerträgliches Kläffen verraten hat: *latrabat tota ... tua nocte canis* („die ganze Nacht lang bellte deine Hündin").

Properz wiederum hat IV, 8, 24 Probleme mit der Dekadenz seines epilierten Nebenbuhlers, der nicht nur ordentlich frisierte Ponys (IV, 8, 15: *detonsi manni*) besitzt, die seine Angebetete, Cynthia, augenscheinlich beeindrucken, sondern auch Molosser, riesenhafte Hunde, die, anstatt ihrer eigentlichen Bestimmung als Wachhunde nachzukommen, als verzärtelte Haustiere im Wagen mitfahren und noch dazu kostbare Halsbänder tragen: ... *armillatos colla Molossa canes*.

Delias Hündchen und die „Kälber" des wenig schmeichelhaft als *vulsus nepos* bezeichneten Beaus, der Cynthia schöne Augen macht, sind in den Augen der Elegiker Störfaktoren, die keine darüber hinausgehende Funktion haben. Sie sind fehl am Platz – in der speziellen pikanten Situation ebenso wie in ihrer ureigenen Rolle als Hund. – Ein erfülltes Hundeleben sieht anders aus. Martial bringt zwei Beispiele, die unterschiedlicher nicht sein könnten. XI, 69 setzt er einer Kampfhündin ein literarisches Denkmal, die (bei einer Tierhetze, einer *venatio*) in der Arena gestorben ist wie ein Gladiator. Dieses Epigramm kehrt zu seinen Ursprüngen zurück, indem es das abbildet, woraus die Gattung hervorging – eine Aufschrift, exakter noch die Grabinschrift dieser Hündin, die zum Betrachter oder Wanderer, der an ihrer letzten Ruhestätte stehenbleibt, spricht, wie es sonst gemeinhin nur Menschen tun, nicht aber Tiere. Lydia gehört also zu den Hunden, vor denen sich der Hase im martialischen Löwe-Hase-Zyklus (I, 6; 14; 22; 44; 48; 51; 60; 104) erst dann nicht mehr zu fürchten braucht, wenn der dressierte Löwe in seiner Nähe ist, der ihn schützend ins Maul nimmt wie eine Krokodilmutter ihre Jungen.

Doch Martial wäre nicht Martial, würde er nicht auch noch eine ganz andere Facette des Hundseins beleuchten; Lydia mag zu Hause der ideale Familienhund gewesen sein, wie sie ja selbst sagt (*blanda domi*), doch Issa konnte sie gewiss nicht das Wasser reichen. Auf sie singt Martial I, 109 den schon vorgestellten Hymnus, der selbst durch eine Fülle intertextueller Querverbindungen fest in der literarischen Tradition verankert ist und zahlreiche Nachahmer gefunden hat; mit dieser späten Nachblüte schließt sich der Kreis zum eingangs erwähnten Mops: Zernitzens im vorherigen Kapitel abgedruckte *Lob- und Trauerode auf einen verstorbenen Mopshund* ist bei weitem nicht das einzige Gedicht dieser Art, das in einem Literaturjournal erschien, aber bestimmt eines der aussagekräftigsten und berührendsten – wenngleich eine gewisse parodistische Note auch hier nicht geleugnet werden kann; doch das tut dem Ausdruck echter Tierliebe keinen Abbruch, hat der kleine Hund –

[61] Bei römischer Dichtung handelt es sich nicht um Erlebnislyrik im engeren Sinn. Vielmehr schlüpft der Dichter in bestimmte Rollen, er nimmt die Position einer bestimmten *persona* ein. Wie viel an tatsächlich Erlebtem in einem Text steckt, muss in jedem Fall neu entschieden werden.

und mit ihm seine zahlreichen Vorgänger (mit Ausnahme von Phaedrus waren es interessanterweise überwiegend Hündinnen) – doch das bekommen, was seit der Antike das Ziel bedeutender Männer gewesen ist: Nachruhm, wenn nicht überhaupt Unsterblichkeit durch literarische Verewigung – zumeist in metrischer, oft sogar in – im engeren und weiteren Sinn – lyrischer Form.

Ganz zum Schluss sei – im Sinne der Globalisierung – ein Blick auf den nordamerikanischen Kontinent gestattet, der weniger eine anglistisch-amerikanistische als vielmehr eine (wenngleich sehr individuelle) philosophische Dimension auf unser Thema eröffnet: 2008 kam in London *The Philosopher and the Wolf. Lessons from the Wild on Love, Death and Happiness* heraus, eine tiefsinnige Liebeserklärung des ebenso individuellen wie unangepassten Philosophen Mark Rowlands an sein „Lebenstier". Das Buch erschien 2009 in Bernd Rullkötters deutscher Übersetzung unter dem signifikant veränderten Titel *Der Philosoph und der Wolf. Was ein wildes Tier uns lehrt* in Berlin. Warum es hier überhaupt Erwähnung findet, ist, weil Rowlands zu dem zurückkehrte, was unsere Hunde einmal waren – er lebte über ein Jahrzehnt mit einem Wolf und wurde dadurch ein anderer Mensch; und damit nicht genug: Er schrieb darüber, nicht so sehr, um sich selbst eine *posteritas* zu sichern, sondern um seinen *lupus familiaris* – in diesem Fall ohne *canis* davor – in die Geschichte der Mensch-Tier-Beziehung einzuschreiben.

Literatur in Auswahl

Homers Werke in zwei Bänden. Uebersetzt von Johann Heinrich VOSS. Mit einer litterarhistorischen Einleitung von Joseph Lautenbacher. Zweiter Band: Odyssee, Stuttgart o. J. (= erster Druck aus dem Jahr 1781).

P. Ovidius Naso. Briefe aus der Verbannung. Tristia. Epistulae ex Ponto, lateinisch und deutsch, übertragen von Wilhelm WILLIGE. Eingeleitet und erläutert von Niklas HOLZBERG, Düsseldorf / Zürich ^{4}2005.

Phaedrus. Fabeln, lateinisch-deutsch, herausgegeben und übersetzt von Eberhard OBERG, Zürich / Düsseldorf 1996.

Poetae Latini minores, recensuit et emendavit Aemilius BAEHRENS, vol. I, Lipsiae 1879. [S. 29-53: Grattius, Cynegetica]

Sex. Propertii elegiarum libri IV, edidit Rudolf HANSLIK, Leipzig 1979.

Albii Tibulli aliorumque carmina, edidit Georg LUCK, Stuttgart / Leipzig 1998.

Properz. Tibull. Liebeselegien. Carmina, lat.-dt., neu herausgegeben und übersetzt von Georg LUCK, Zürich / Düsseldorf 1996.

EBNER-ESCHENBACH, Marie von, Krambambuli und andere Novellen, Wien 1957; Krambambuli und andere Erzählungen, Ditzingen 2003; Krambambuli und andere Tiergeschichten, Husum 2009 (Erstausgabe 1883).

SCHWARZENBERGER, Xaver, Krambambuli. Ein Film von X. S. (Buch: Felix Mitterer). Nach einer Novelle von Marie von Ebner-Eschenbach, Ismaning 2010.

HEMPEL, Amy / SHEPARD, Jim, Dir zu Füßen. Gedichte von Hunden. Aus dem Amerikanischen von Clemens Meyer, Berlin 2010 (Orig.: *Unleashed*, New York 1995).

HURZLMEIER, Rudi / ROWOHLT, Harry, Ich wollt, ich wär dein Hund, Frankfurt am Main 2006; ^{4}2010.

ROWLANDS, Mark, The Philosopher and the Wolf. Lessons from the Wild on Love, Death and Happiness, London 2008.

ROWLANDS, Mark, Der Philosoph und der Wolf. Was ein wildes Tier uns lehrt. Aus dem Amerikanischen von Bernd Rullkötter, Berlin 2009.

WEILEN, Helene, Vroneli. Ein Mädchenroman aus unseren Tagen, Wien 1953.

WEILEN, Helene, Tumult um Tück, Wien 1953.

WEILEN, Helene, Ihr bester Freund. Ein Roman für die Jugend, Wien 1955.

SCHREINER, Sonja, *Vroneli* und *Ihr bester Freund.* Zwei zu Unrecht vergessene Bücher von Helene Weilen, libri liberorum 13/40 (2012), 15-22.

Plinius der Ältere über Tiere in der *Naturalis Historia* („Naturkunde“)

von Sonja Schreiner

Wer sich mit Tieren in der (römischen) Antike und dem Wissen (oder dem, was man dafür hielt) über sie beschäftigt, wird als einen der wichtigsten Quellentexte immer wieder die *Naturalis historia* („Naturkunde“) des Älteren Plinius heranziehen. Fünf der insgesamt 37 Bücher hat der unermüdliche Naturforscher den Lebewesen (*animalia*), d.h. dem Menschen (mit Buch 7, der sogenannten Anthropologie) und den Tieren (mit den Büchern 8-11, der Zoologie), gewidmet. Der Stoffumfang und die – zu nicht geringen Teilen – exotische Vielfalt der Arten lässt es verständlich erscheinen, dass nicht alle Passagen einen gleich hohen Grad an Zuverlässigkeit aufweisen. Oft kann als Grundsatz gelten, dass die Abschnitte, in denen Plinius über eigene Erfahrungen und Augenschein verfügt, von (zum Teil erstaunlicher) Präzision und Weitsicht geprägt sind, während Kapitel, in denen er auf Berichte anderer vertrauen muss (oder aus ihm vorliegender Literatur exzerpiert), nicht selten ins Reich der Phantasie gehören. Jeder der beiden Zugänge hat für sich (und auch in Kombination) seinen eigenen Reiz: die exakten Beobachtungen wegen ihrer hohen Sachkenntnis, die ‚märchenhaften‘ wegen der (unkritischen) Fabulierfreude und des daraus erwachsenden Unterhaltungswerts, das Nebeneinander wegen des schlagenden Kontrasts zwischen Wissenschaft und Erfindung auf so engem Raum. – Um aber auch zeigen und nachweisen zu können, dass evident erdichtete Texte ein z.T. nicht unerhebliches Maß an Faktenwissen enthalten, sind Tierfabeln mehrerer Autoren zwischen die Abschnitte aus Plinius‘ „Naturkunde“ eingelegt, woraus ein stimmiges Ensemble aus *fact & fiction*, eine lehr- und abwechslungsreiche Textur entsteht.

Die folgende Auswahl verzichtet bewusst auf Texte, in denen Tiere grausamer Behandlung ausgesetzt werden. Das Schicksal von Tieren im Rahmen von *venationes* (Tierhetzen) in der Arena u.dgl.m. ist aus Martial u.a. hinlänglich bekannt, wobei gerade der Epigrammatiker – vergleichbar mit Catull – auch innige Freundschaften zwischen Mensch und Tier (mit dem Schwerpunkt „Mensch und Hund“) und die erstaunliche Klugheit von Tieren (z.B. bei schwierigen und unblutigen Dressurakten) thematisiert.

Mit Abstand die größte Vielfalt an Staunenswertem und Berührendem – z.B. die intensive Auseinandersetzung mit der Haltung unterschiedlichster Haus- und Nutztiere – bietet aber Plinius der Ältere im achten Buch. Er entwirft eine andere Realität der antiken Mensch-Tier-Beziehung und einen berechtigten (aber in der Sicht vieler eben weniger spektakulären) Gegenpol zum plakativ-grausamen ‚Einheitszugang‘ über die Arena oder den Circus. Am unmittelbaren Beginn des achten Buches (und somit als Einleitung zu sämtlichen zoologischen Büchern) informiert Plinius ausführlich über den Elefanten. Wenig überraschend hat das größte Landlebewesen einen großen Eindruck auf ihn gemacht. Der Klugheit und dem hoch entwickelten Sozialverhalten widmet der Gelehrte viel Raum. Gegen Ende seiner detailverliebten (und passagenweise anekdotenreichen) Schilderung der „Dickhäuter" wendet sich Plinius einer physischen Besonderheit zu, die zu einer bemerkenswerten, jedoch nicht der Realität entsprechenden Verhaltensweise führt (VIII, 30):

> Durissimum dorso tergus, ventri molle, saetarum nullum tegimentum, ne in cauda quidem praesidium abigendo taedio muscarum – namque id et tanta vastitas sentit –; sed cancellata cutis, et invitans id genus animalium odore. Ergo cum extentis recepere examina, artatis in rugas repente cancellis comprehensas enecant: Hoc iis pro cauda, iuba, villo est.

tergus, -oris n.: Haut – **saeta**, -ae f.: Haar, Borste – **vastitas**, -atis f.: hier: Koloss; riesiges Tier (eigentlich: immense Größe) – **cancellatus** 3: hier: faltig, runzelig (eigentlich: in Gitterform → optisch nicht unzutreffend!) – **cancellus**, -i m. (meist im Pl.): hier: Falte, Runzel (eigentlich: Gitter) – **villus**, -i m.: (zotteliges) Haarkleid, (dichtes) Fell

Übersetzung

Ihre Haut ist am Rücken am härtesten, am Bauch weich, ohne irgendwelche Bedeckung durch Haare; nicht einmal im Schwanz haben sie einen Schutz zur Abwehr der lästigen Fliegen – denn dagegen ist auch ein solcher Koloß empfindlich –; ihre Haut aber ist runzelig und lockt durch ihren Geruch diese Art von Tieren an. Haben sich auf der ausgedehnten Haut nun ganze Schwärme angesammelt, so ziehen sie diese plötzlich in Runzeln zusammen und erdrücken die gefangenen Fliegen: dies dient ihnen als Ersatz für Schwanz, Mähne und Haar.
Übersetzung: König / Winkler

In der Realität erdrücken Elefanten ihnen lästige Insekten nicht in ihren Hautfalten. Vielmehr sind sie am Körper durch ihre sprichwörtlich dicke Haut recht unempfindlich; nicht jedoch rund um ihre Augen und am Rüssel, weswegen man heute in Kenia mit Hilfe von Bienen Elefanten von Dörfern fernhält.[62] Bereits das Summen lässt die Elefanten umdrehen; Mensch und Tier profitieren von der ebenso einfachen wie genialen Idee der britischen Biologin Lucy King: Die Menschen leben sicher ohne durchziehende Elefantenherden, die Elefanten sind nicht länger in Gefahr, von ängstlichen Dorfbewohnern erschossen zu werden.

Vorstellbar ist, dass Plinius vom Pferd, das seine Haut wellenartig erzittern lassen und dadurch Mücken, Fliegen und Bremsen ebenso verscheuchen kann wie mit dem Schweif, einen – in Anbetracht der Größe eines Elefanten – unzulässig übersteigerten Analogieschluss gezogen hat. Dieses Beispiel zeigt in (noch) moderater Form die Bandbreite der Zuverlässigkeit von Plinius' Wissensstand. Ein weiteres Textstück erweist jedoch auch die eingangs formulierte „Faustregel", dass eigene Anschauung (man spricht in diesem Zusammenhang von Autopsie) und Realitätsnähe in direktem

---

[62] http://www.spiegel.de/wissenschaft/natur/barriere-aus-insekten-bienen-schuetzen-doerfer-vor-elefanten-a-799724.html (21.07.2014).

Zusammenhang stehen, als anfällig für Ausnahmen. Plinius unterlaufen zuweilen Irrtümer; nicht selten – vergleichbar mit dem Detail zu den Elefanten – aufgrund von (durchaus richtigen) Einzelbeobachtungen, aus denen er verallgemeinernde Rückschlüsse zieht; ein aussagekräftiges (und typisches) Beispiel ist VIII, 67f., da darin Korrektes und Unrichtiges parallel berichtet wird:

> Camelos inter armenta pascit oriens; quarum duo genera, Bactriae et Arabiae. Differunt, quod illae bina habent tubera in dorso, hae singula et sub pectore alterum, cui incumbant. Dentium superiore ordine, ut boves, carent in utroque genere. Omnes autem iumentorum ministeriis dorso funguntur atque etiam equitatus in proeliis. *(68)* Velocitas infra equos, sed sua cuique mensura sicuti vires. Nec ultra adsuetum procedit spatium nec plus instituto onere recipit. Odium adversus equos gerunt naturale. Sitim et quatriduo tolerant implenturque, cum bibendi occasio est, et in praeteritum et in futurum, obturbata proculcatione prius aqua: Aliter potu non gaudent. Vivunt quinquagenis annis, quaedam et centenis. Utcumque rabiem et ipsae sentiunt. Castrandi genus etiam feminas, quae bello praeparentur, inventum est: Fortiores ita fiunt coitu negato.

tuber, -eris n.: Höcker – **ordo**, -inis m.: hier: Zahnreihe – **quatriduum**, -i n. (auch: *quadriduum*): Zeitraum von vier Tagen, vier Tage – **proculcatio**, -onis f.: das Treten, das Stampfen – **genus**, -eris n.: hier: Methode – **femina**, -ae f.: hier: weibliches Tier, Kamelstute

Übersetzung

> Die Kamele läßt der Orient unter Großvieh-Herden weiden; es gibt zwei Arten von ihnen, die baktrische und die arabische. Diese unterscheiden sich dadurch, daß die Tiere der erstgenannten Art zwei Höcker auf dem Rücken haben, die anderen aber nur einen, sowie an der Brust einen zweiten, auf den sie sich niederlegen können. Wie beim Rind fehlt beiden Arten die obere Zahnreihe. Alle aber verrichten mit ihrem Rücken die Dienste von Tragtieren und in Schlachten auch von Reittieren. *(68)* Ihre Schnelligkeit ist geringer als die der Pferde, doch bei beiden je nach Größe wie Kräften <verschieden>. Sie gehen nie weiter als die gewohnte Strecke und lassen sich nicht überladen. Gegen Pferde haben sie einen angeborenen Widerwillen. Durst ertragen sie sogar vier Tage lang und trinken sich satt, wenn sich Gelegenheit dazu bietet, für <die Entbehrung> in Vergangenheit und Zukunft, nachdem sie vorher das Wasser durch Treten trübe gemacht haben: denn anders haben sie am Trunk keine Freude. Sie werden fünfzig Jahre alt, manche sogar hundert. Allenfalls werden auch sie von der Wut befallen. Eine Möglichkeit des Kastrierens hat man auch für die weiblichen Tiere gefunden, die zum Kriegsdienst abgerichtet werden sollen: so werden sie mutiger, da ihnen der Geschlechtstrieb versagt ist.
> *Übersetzung: König / Winkler*

Zutreffend ist die Einteilung der Kamele in Dromedare (mit einem Höcker) und Trampeltiere (mit zwei Höckern), wenngleich Plinius sie nicht so, sondern als „arabisch" (Dromedar) und „baktrisch" (Trampeltier) bezeichnet. Richtig ist auch, dass sie generell langsamer sind als Pferde und einen Zeitraum von mehreren Tagen ohne Wasseraufnahme überleben. Unzutreffend ist hingegen, dass Pferde und Kamele sich grundsätzlich nicht vertragen; der gemeinsame Einsatz beider Arten in der Kavallerie beweist das Gegenteil; völlig falsch sind die Angaben zur Lebenserwartung: Mehr als 35 bis 40 Jahre wird ein Kamel zu Plinius' Zeit nicht alt geworden sein. – Entschieden mehr Einhelligkeit lässt sich hinsichtlich Plinius' Aussagen über Pferde und Hunde erzielen. Seiner Einschätzung wird auch mit annähernd 2000 Jahren Abstand zur Abfassungszeit der *Naturalis historia* das Gros der TierfreundInnen zustimmen können. VIII, 142-147 referiert der Gelehrte über die Vorzüge von Hund und Pferd, wobei der Mensch nicht selten auf die Hilfe der Vierbeiner angewiesen ist – ja zuweilen ohne sie gravierende Nachteile hätte:

> Ex his quoque animalibus, quae nobiscum degunt, multa sunt cognitu digna: Fidelissimumque ante omnia homini canis atque equus. Pugnasse adversus latrones canem pro domino accepimus confectumque plagis a corpore non recessisse, volucres ac feras abigentem. Ab alio in Epiro agnitum in conventu percussorem domini laniatuque et latratu coactum fateri scelus. Garamantum regem canes CC ab exilio reduxere proeliati contra resistentes. Propter bella Colophonii itemque Castabalenses cohortes canum habuere; *(143)* hae primae dimicabant in acie numquam detrectantes; haec erant fidissima auxilia nec stipendiorum indigna. Canes defendere Cimbris caesis domus eorum plaustris inpositas. Canis Iasone Lycio interfecto cibum capere noluit inediaque consumptus est. Is vero, cui nomen Hyrcani reddit Duris, accenso regis Lysimachi rogo iniecit se flammae, similiterque Hieronis regis. *(144)* Memorat et Pyrrhum, Gelonis tyranni canem, Philistus; memoratur et Nicomedis Bithyniae regis, uxore eius Cosingi lacerata propter lasciviorem cum marito iocum. Apud nos Vulcatium nobilem, qui Cascellium ius civile docuit, asturcone e suburbano redeuntem, cum advesperavisset, canis a grassatore defendit; item Caelium senatorem aegrum Placentiae ab armatis oppressum; nec prius ille vulneratus est quam cane interempto. *(145)* Sed super omnia in nostro aevo actis p. R. testatum Appio Iunio et P. Silio cos., cum animadverteretur ex causa Neronis, Germanici filii, in Titium Sabinum et servitia eius, unius ex his canem nec in carcere abigi potuisse nec a corpore recessisse abiecti, in gradibus gemitoriis maestos edentem ululatus magna populi Romani corona; ex qua cum quidam ei cibum obiecisset, ad os defuncti tulisse. Innatavit idem, cadavere in Tiberim abiecto, sustentare conatus, effusa multitudine ad spectandam animalis fidem. *(146)* Soli dominum novere et ignotum quoque, si repente veniat, intellegunt; soli nomina sua, soli vocem domesticam agnoscunt. Itinera quamvis longa meminere, nec ulli praeter hominem memoria maior. Impetus eorum et saevitia mitigatur ab homine considente humi. *(147)* Plurima alia in his cotidie vita invenit, sed in venatu sollertia et sagacitas praecipua est. Scrutatur vestigia atque persequitur, comitantem ad feram inquisitorem loro trahens; qua visa quam silens et occulte, sed quam significans demonstratio est cauda primum, deinde rostro! Ergo etiam senecta fessos caecosque ac debiles sinu ferunt, ventos et odorem captantes protendentesque rostra ad cubilia.

plaga, -ae f.: Schlag, Hieb, Prügel – **asturco**, -onis m.: asturisches Pferd – **suburbanum**, -i n.: Landgut, Vorstadt – **advesperascit** (impers.): es fängt an, Abend zu werden – **grassator**, -oris m.: Wegelagerer – **gradus gemitorii** m. pl.: Gemonische Treppe

Übersetzung

Auch von den Haustieren sind viele einer näheren Betrachtung wert: am treuesten sind vor allem der Hund und das Pferd dem Menschen ergeben. Wir haben gehört, daß ein Hund für seinen Herrn gegen Räuber kämpfte und, selbst vor Wunden am Ende, nicht

von dessen Leichnam wich,[63] sondern Vögel und wilde Tiere verscheuchte. Ein anderer in Epirus erkannte in der Menge den Mörder seines Herrn und zwang ihn durch Beißen und Bellen, das Verbrechen zu gestehen. Dem König der Garamanten ermöglichten zweihundert Hunde die Rückkehr aus der Verbannung, indem sie gegen die Widersacher ankämpften. Zum Gebrauch im Kriege hielten die Einwohner von Kolophon und Kastabala Hundeherden; *(143)* diese kämpften in der vordersten Front, ohne sich je zu weigern; sie waren die treuesten Hilfstruppen und brauchten dabei keinen Sold. Hunde verteidigten nach der Niederlage der Kimbern deren Wagenburgen. Nach der Ermordung des Lykiers Jason verweigerte sein Hund die Nahrung und starb an Hunger. Der Hund aber, dessen Namen 'Hyrcanus' uns Duris überliefert hat, stürzte sich, nachdem der Scheiterhaufen des Königs Lysimachos entzündet war, in die Flammen, ebenso der des Königs Hieron. *(144)* Philistos erwähnt auch Pyrrhos, den Hund des Tyrannen Gelon; erwähnt wird auch der Hund des Königs Nikomedes von Bithynien, der dessen Gattin Cosingis wegen eines allzu übermütigen Scherzes mit ihrem Gemahl zerriß. Bei uns wurde der angesehene Vulcatius, der Lehrer des Cascellius im bürgerlichen Recht, als er in der Abenddämmerung vom stadtnahen Lande zurückritt, von seinem Hund gegen einen Straßenräuber verteidigt; ebenso der kranke Senator Caelius, der zu Placentia von Bewaffneten angefallen wurde; er erhielt erst dann eine Wunde, als sein Hund getötet war. *(145)* Alles aber übertrifft ein zu unserer Zeit durch die Akten des römischen Volkes bestätigter Fall: als man nämlich unter dem Konsulat des Appius Iunius und P. Silius [28 n. Chr.] gegen Titus Sabinus und seine Dienerschaft im Zusammenhang mit der Sache Neros, des Sohnes des Germanicus, vorging, ließ sich einer ihrer Hunde nicht vom Kerker wegtreiben und wich auch nicht vom Leichnam, als dieser auf die Seufzertreppe geworfen war, wobei er in Gegenwart einer Menge römischen Volkes ein jämmerliches Geheul ausstieß; als ihm jemand aus der Menge etwas zu fressen vorwarf, trug er es zum Munde des Toten. Nachdem der Leichnam in den Tiber geworfen war, schwamm er ihm nach und suchte ihn über Wasser zu halten, wobei eine Menge Volkes zusammenströmte, um die Treue des Tieres zu sehen. *(146)* Die Hunde allein kennen ihren Herrn und erkennen ihn auch, wenn er als Unbekannter unversehens kommt; sie allein kennen ihren Namen, allein die Stimmen im Hause. Wege, wie lange sie auch sein mögen, merken sie sich, und nächst dem Menschen hat kein Lebewesen ein besseres Gedächtnis. Ihre Angriffswut bändigt der Mensch, indem er sich auf den Boden setzt. *(147)* Noch viele andere Eigenschaften hat das Leben täglich an ihnen entdeckt; besonders ausgezeichnet ist aber ihre Klugheit und ihr Spürsinn auf der Jagd. Der Hund sucht und verfolgt die Fährte und zieht den ihn begleitenden Jäger an der Leine zum Wild; wenn er es sieht, wie still und verborgen und doch wie deutlich ist das Zeichen, das er zuerst mit dem Schwanze, dann mit der Schnauze gibt! Man trägt deshalb auch gealterte, erblindete und entkräftete Hunde mit, weil sie den Wind und die Witterung auffangen und mit der Schnauze auf die Lager des Wildes deuten.
Übersetzung: König / Winkler

---

[63] Dieses Wachehalten ist häufig auch innerhalb eines Hunderudels zu beobachten: Die Schäfermischlingshündin meines Großvaters verharrte stundenlang neben dem leblosen Körper des mit ihr im selben Haushalt lebenden Dackels, nachdem dieser von einem Auto tödlich verletzt worden war. – Als Jahre später mein Großvater einem Verkehrsunfall erlag, blieb unser Pudel (wenige 100 m entfernt vom Unfallort) regungslos an der Haustür sitzen.

Dass Hunde ihren Herrn auch erkennen, wenn sein Äußeres sich massiv verändert hat, ist ein altes Motiv, das sich bereits in der *Odyssee* findet: Der uralte Argos erkennt nach zwanzig Jahren Abwesenheit seinen Herrn Odysseus trotz Verkleidung wieder und stirbt nach dieser letzten Freude als glücklicher Hundesenior, der die Heimkehr seines Menschen noch erlebt hat. Literatur für Erwachsene (allen voran Marie von Ebner-Eschenbachs *Krambambuli*) und für Kinder und Jugendliche (z.B. Helene Weilen, *Ihr bester Freund* und *Tumult um Tück*) verdankt einen Großteil ihres ungebrochenen Erfolges ihren vierbeinigen Helden. Zeitungsberichte[64] beweisen eindrucksvoll das Talent von Hunden, auch scheinbar unmögliche Distanzen aus eigener Kraft zu bewältigen. Neben den Wesensmerkmalen des Hundes kennt Plinius aber auch zahlreiche Details ihrer Entwicklung; so beschreibt er den Übergang vom Welpenstadium in das eines Junghundes zutreffend (X, 177):

> [...] Existimantur in urina attollere crus fere semenstres; id est signum consummati virium roboris. Feminae hoc idem sidentes.

seme(n)stris, -e: halbjährig, sechs Monate alt – **consummare** 1: summieren; etw. vollenden

Übersetzung:

Man glaubt, daß sie im Alter von fast sechs Monaten beim Wasserlassen das Bein heben; dies gilt als Zeichen der völligen Reife ihrer Kräfte. Die Weibchen hocken sich dabei.[65]
Übersetzung: König / Winkler

An (Groß)katzen beeindruckt Plinius v.a. ihr Jagdgeschick, aber auch der Grund für das arttypische Verscharren des Kotes ist ihm bekannt (X, 202):

---

[64] Zum Beispiel: http://www.focus.de/panorama/vermischtes/tiere-hund-laeuft-130-kilometer-allein-nach-hause_aid_296393.html (21.07.2014).

[65] Die moderne Verhaltensforschung hat hiezu Ausnahmen aufgezeigt; denn dominante Hündinnen setzen ihre Duftmarken – analog zu den Rüden – mit erhobenem Hinterlauf.

[...] Feles quidem quo silentio, quam levibus vestigiis obrepunt avibus! Quam occulte speculatae in musculos exsiliunt! Excrementa sua effossa obruunt terra, intellegentes odorem illum indicem sui esse.

speculari 1: auskundschaften, beobachten – **musculus**, -i m.: Mäuschen – **index**, -icis m.: Anzeiger, Indikator; (verräterisches) Zeichen

Übersetzung

Mit welcher Lautlosigkeit, mit welch leisen Tritten beschleichen die Katzen die Vögel! Wie lauern sie verborgen und springen auf die kleinen Mäuse los! Ihre Exkremente bedecken sie mit aufgescharrter Erde, weil sie wissen, daß dieser Geruch sie verrät.
Übersetzung: König / Winkler

An den Pferden ist für Plinius neben ihrer Intelligenz v.a. ihre militärische Einsatzfähigkeit von Interesse, bei den Maultieren und -eseln hingegen ihre hohe Belastbarkeit – auch bei schwerster körperlicher Anstrengung. Die Bezeichnung als Maultier oder -esel hängt in Übereinstimmung mit der heutigen zoologischen Klassifizierung von der Verpaarung der Elterntiere ab (Maultier: Pferdestute & Eselhengst; Maulesel: Eselstute & Pferdehengst); zusätzlich trifft Plinius eine heute unübliche Unterscheidung nach dem Geschlecht des Jungtieres (VIII, 171-173):

Ex asino et equa mula gignitur mense XIII., animal viribus in labores eximium. Ad tales partus equas neque quadrimis minores neque decennibus maiores legunt; arcerique utrumque genus ab altero narrant, nisi in infantia eius generis, quod ineat, lacte hausto. Quapropter subreptos pullos in tenebris equarum uberi asinarumve eculeos admovent. Gignitur autem mula et ex equo et asina, sed effrenis et tarditatis indomitae. Lenta omnia ut e vetulis. *(172)* Conceptum ex equo secutus asini coitus abortu perimit, non item asini equus. Feminas a partu optime septimo die inpleri observatum, mares fatigatos melius implere. Quae non prius, quam dentes, quos pullinos appellant, iaciat, conceperit, sterilis intellegitur et quae non primo initu generare coeperit. Equo et asina genitos mares hinnulos antiqui vocabant contraque mulos, quos asini et equae generarent. *(173)* Observatum ex duobus diversis generibus nata tertii generis fieri et neutri parentium esse similia eaque ipsa, quae sunt ita nata, non gignere in omni animalium genere; idcirco mulas non parere. Est in annalibus nostris peperisse saepe, verum prodigii loco habitum. [...]

mula, -ae f.: Maultier – **quadrimus** 3: vierjährig, vier Jahre alt – **decennis,** -e: zehnjährig, zehn Jahre alt – **eculeus**, -i m. (auch: *equuleus*): Fohlen, Füllen – **vetulus** 3: hier: altes Tier – **dens pullinus** m.: Milchzahn – **hinnulus**, -i m.: (junger) Maulesel – **mulus**, -i m.: Maultier

Übersetzung

Vom Esel und der Pferdestute kommt im dreizehnten Monat das Maultier zur Welt, ein Geschöpf, das sich durch seine Kräfte ganz besonders zu anstrengender Arbeit eignet. Man wählt zu dieser Zucht Stuten, nicht jünger als vier und nicht älter als zehn Jahre; beide Tiergattungen lehnen sich gegenseitig ab, wie man erzählt, wenn sie nicht in der Jugend die Milch der jeweiligen Kreuzungsgattung getrunken haben. Deshalb legt man die heimlich weggenommenen Eselsfüllen in der Dunkelheit an die Zitzen der Stuten und die Pferdefüllen an die der Eselinnen. Ein weibliches Maultier kann aber auch von einem Hengst und einer Eselin gezeugt werden, jedoch ist es störrisch und hat eine

unbezwingbare Trägheit. Alles ist langsam wie bei alten Tieren. *(172)* Die Befruchtung durch den Hengst wird durch den späteren Sprung eines Esels als Fehlgeburt abgetrieben, nicht aber die von einem Esel durch einen Hengst. Man hat beobachtet, daß die weiblichen Tiere am siebenten Tag nach dem Werfen am besten empfangen und daß müde männliche Tiere besser befruchten. Eine Eselin, die nicht vor dem Verlust der sogenannten Milchzähne empfängt, gilt als unfruchtbar, ebenso die, welche nicht gleich beim ersten Sprung trächtig wird. Die von einem Hengste und einer Eselin abstammenden männlichen Tiere nannten die Alten Maulesel, hingegen die von Eseln und Stuten gezeugten Maultiere. *(173)* Man hat beobachtet, daß die von zwei verschiedenen Gattungen erzeugten Jungen eine dritte Gattung bilden und keinem ihrer Eltern gleichen und daß bei jeder Tierart die so Erzeugten selbst unfruchtbar sind; deswegen pflanzen sich auch die Mauleselinnen nicht fort. In unseren Jahrbüchern findet man zwar, daß sie oft geworfen haben, man dies aber als Wunderzeichen betrachtete.
Übersetzung: König / Winkler

Bemerkenswert ist, dass Plinius bereits wusste, dass Maultiere, die wie Maulesel zu den Hybriden zählen und daher grundsätzlich unfruchtbar sind, manchmal doch Junge haben. Diese Ausnahmen erklärt er – gut römisch – als wundersame Vorzeichen und nicht als Laune der Natur.

Eine Laune des Menschen illustriert er am Beispiel des Schafes – exakter eine Modetorheit, die seit einigen Jahren v.a. in den USA, aber auch in Asien *en vogue* ist – das Färben lebender Tiere, wobei man heute verstärkt Hunde als Pandas, Tiger oder gar Giraffen „verkleidet“[66] oder als „Kunstwerke“[67] verunstaltet (VIII, 197):

[…] Vidimus iam et viventium vellera purpura, cocco, conchylio sesquipedalibus libris infecta, velut illa sic nasci cogente luxuria.

purpura, -ae f.: Purpurfarbe – **coccum**, -i n.: Scharlachfarbe – **conchylium**, -i n.: Purpur(schnecke) – **sesquipedalis libra** f.: ½ kg, 1 Pfund

Übersetzung

Wir haben auch schon die Vliese lebender Schafe mit Purpur, Scharlach und Schneckenfarbe gefärbt gesehen, und zwar so, daß je anderthalb Pfund Farbe Verwendung fand, gleichsam als wollte die Mode sie zwingen, so geboren zu werden.
Übersetzung: König / Winkler

---

66 http://diepresse.com/home/panorama/skurriles/572114/Falsche-Pandas_Werbegag_Zoo-faerbt-Hunde-ein?gal=572114&index=1&direct=&_vl_backlink=&popup (21.07.2014).

67 http://diepresse.com/home/panorama/skurriles/1424903/Bunter-Hund_Das-Tier-ein-Kunstwerk (21.07.2014).

Schaffell ist für Plinius aber mehr als eine reine Äußerlichkeit; er sieht darin auch ein Wesensmerkmal; denn unter Missdeutung ihres ausgeprägten Herdentriebs stuft er wolletragende Tiere generell als unintelligent[68] ein (VIII, 199):

> Quoniam stultissima animalium lanata: qua timuere ingredi, unum cornu raptum sequuntur.

Übersetzung

> Denn wolletragende Tiere sind die allerdümmsten Lebewesen: wenn sie sich fürchten, irgendwohin zu gehen, so faßt man eines bei den Hörnern und die anderen folgen.
> *Übersetzung: nach König / Winkler*

Von der weitsichtigen Klugheit[69] und überlegten Kooperationsbereitschaft von Ziegen zeigt er sich hingegen verblüfft (VIII, 201):

> [...] Sollertiam eius animalis Mucianus visam sibi prodidit: In ponte praetenui duabus obviis e diverso. Cum circumactum angustiae non caperent nec reciprocationem longitudo in exilitate caeca, torrente rapido minaciter subterfluente, alteram decubuisse atque ita alteram proculcatae supergressam.

praetenuis, -e: sehr schmal – **reciprocatio**, -onis f.: Zurückgehen auf demselbem Weg – **exilitas**, -atis f.: Feinheit – **caecus** 3: hier: unklar, uneindeutig, unüberschaubar – **torrens**, -entis m.: Wildbach – **subterfluere** 3: unter etwas fließen – **proculcare** 1: mit dem Fuß auf etwas treten / steigen

Übersetzung

> Von der Klugheit dieses Tieres hat Mucianus aus eigener Beobachtung berichtet: auf einem schmalen Stege seien sich zwei Ziegen von verschiedenen Seiten begegnet. Da der enge Raum kein Ausweichen und die schwer zu überblickende Länge des schmalen Stegs, unter dem ein reißender Wildbach drohend dahinfloß, keine Umkehr erlaubte, habe sich die eine niedergelegt und die andere sei, während jene am Boden lag, über sie hinweggestiegen.
> *Übersetzung: König / Winkler*

Generell hat Plinius gesteigertes Interesse an dem Verhalten, das Tiere im Umgang miteinander zeigen; auf einer besonderen Ebene steht dabei die Beziehung zwischen Muttertier und dem oder den Jungen. An zahmen Äffchen beeindruckt ihn die überaus

---

68 In der Fabel werden Schaf und Lamm von anderen Tieren mit Vorliebe als „dumm“ bezeichnet, während die Autoren sie als *patiens iniuriae* („an Unrecht gewöhnt“ und „Unrecht erduldend“) charakterisieren: In jedem Fall wird ein/e erfahrene/r LeserIn diesem Protagonisten der *fabula* sogleich die Rolle des (geborenen) Verlierers zuweisen.

69 Zum erstaunlichen Langzeitgedächtnis von Ziegen: http://science.orf.at/stories/1735596/ (21.07.2014) mit Verweis auf die Studie von Elodie F. BRIEFER / Samaah HAQUE / Luigi BACIADONNA / Alan G. MCELLIGOTT, Goats excel at learning and remembering a highly novel cognitive task, Frontiers in Zoology (DOI: 10.1186/1742-9994-11-20); vgl. das Abstract: http://www.frontiersinzoology.com/content/11/1/20.

enge Mutter-Kind-Bindung, die bei zu intensiver Ausprägung allerdings letale Folgen für den Nachwuchs haben kann (VIII, 216):

> Simiarum generi praecipua erga fetum adfectio. Gestant catulos quae mansuefactae intra domos peperere, omnibus demonstrant tractarique gaudent, gratulationem intellegentibus similes; itaque magna ex parte conplectendo necant. [...]

catulus, -i m.: Äffchen, Jungtier, Junges

Übersetzung

> Das Geschlecht der Affen hat besonders zärtliche Liebe zu seinen Jungen. Die zahmen Weibchen, die in den Häusern geworfen haben, tragen ihre Jungen auf den Armen, zeigen sie jedem und freuen sich, wenn man sie streichelt, als würden sie einen Glückwunsch verstehen; deshalb erdrücken sie die Jungen sehr häufig durch ihre Umarmungen. [...]
> *Übersetzung: König / Winkler*

Ein ebenso erstaunliches wie rührendes Beispiel für artenübergreifende Liebe zwischen Mutter und Kind schildert der Fabeldichter Phaedrus III, 15:

Canis ad agnum
Inter capellas agno balanti canis:
„Stulte“ inquit „erras; non est hic mater tua.“
Ovesque segregatas ostendit procul.
„Non illam quaero, quae, cum libitum est, concipit,
dein portat onus ignotum certis mensibus,
novissime prolapsam effundit sarcinam;
verum illam, quae me nutrit admoto ubere,
fraudatque natos lacte, ne desit mihi.“
„Tamen illa est potior, quae te peperit.“ „Non ita est.
Unde illa scivit, niger an albus nascerer?
Age porro: parere si voluisset feminam,
quid profecisset, cum crearer masculus?
Beneficium sane magnum natali dedit,
ut expectarem lanium in horas singulas!
Cuius potestas nulla in gignendo fuit,
cur hac sit potior quae iacentis miserita est,
dulcemque sponte praestat benevolentiam?
Facit parentes bonitas, non necessitas.“
His demonstrare voluit auctor versibus
obsistere homines legibus, meritis capi.

balare 1: blöken

Übersetzung

Das Lamm sucht eine Mutter
Dem Schaflamm, das in einer Ziegenherde blökt, erklärt ein Hund:
„Du irrst, du Dummchen; hier ist deine Mutter nicht.“

Und dabei weist er auf die weit entfernten Schafe.
„Ich suche jene nicht, die, wenn jemandem es beliebt, empfängt,
und dann die unbekannte Last herumträgt jene feste Monatszahl,
zu guter Letzt in einem Rutsch ihr Päckchen von sich gibt.
Nein, jene suche ich, die mich ernährt und mir das Euter reicht
und ihre Kinder um die Milch betrügt, damit sie mir nicht fehlt."
„Die größere Geltung hat doch die, die dich gebar!" – „Nein, nein, so ist es nicht.
Woher denn sollte jene wissen, ob ich schwarz geboren würde oder weiß?
Und weiter: Hätte sie gewünscht, ein Mädchen zu bekommen,
hätte es ihr nichts genützt, dieweil ich ja ein Männchen wurde.
O große Wohltat, die ich zur Geburt erhielt,
den Metzger zu erwarten Stund um Stund!
Wenn sie bei der Erzeugung kein Verfügungsrecht besaß,
wieso soll sie dann größere Geltung haben als die andere, die sich erbarmte, als ich dalag,
und von selbst sich liebevoll und gütig zeigte?
Die Güte ist's, die Eltern ausmacht, nicht das Band des Blutes."
Mit diesen Versen wollte der Autor zeigen,
daß Menschen sich gegen Gesetze stellen, von Verdiensten aber angezogen werden.
Übersetzung: Oberg

Derlei „Adoptionen" und Freundschaften zwischen unterschiedlichen Arten sind längst nichts Unbekanntes mehr,[70] üben aber auf den Menschen ungebrochen Faszination aus, weil sie ihn an sein eigenes Verhalten gegenüber (Haus)tieren erinnern.

Neben Haustieren und Exoten sind für den Naturforscher Plinius auch heimische Wildtiere von Interesse. Sein entwickeltes Beobachtungstalent demonstriert er am Beispiel der Hasenartigen (VIII, 217-220):

Et leporum plura sunt genera. In Alpibus candidi, quibus hibernis mensibus pro cibatu nivem credunt esse; certe liquescente ea rutilescunt annis omnibus; et est alioqui animal intolerandi rigoris alumnum. Leporum generis sunt et quos Hispania cuniculos appellat, fecunditatis innumerae famemque Baliarum insulis populatis messibus adferentes. […]

[70] Z.B. http://derstandard.at/1328507882978/Wenn-Tiere-ihre-Beute-adoptieren (21.07.2014).

(218) [...] Magna propter venatum eum viverris gratia est: Iniciunt eas in specus, qui sunt multifores in terra, unde et nomen animali, atque ita eiectos superne capiunt. [...] *(219)* Benigna circa hoc natura innocua et esculenta animalia fecunda generavit. Lepus, omnium praedae nascens, solus praeter dasypodem superfetat; aliud educans, aliud in utero pilis vestitum, aliud inplume, aliud inchoatum gerens pariter. [...] *(220)* Hi mansuescunt raro, cum feri dici iure non possint; complura namque sunt nec placida nec fera, sed mediae inter utrumque naturae, ut in volucribus hirundines, apes, in mari delphini.

rutilescere 3: rotbraun werden, sich rotbraun färben – **cuniculus**, -i m.: Kaninchen – **viverra**, -ae f.: Frettchen – **multiforis**, -e (auch: **multiforus** 3): mit vielen Zugängen / Ausgängen / Öffnungen – **dasypus**, -odis m./f.: eine Hasenart (heute: Gürteltier!) – **superfetare** 1: über(be)fruchtet werden, überfruchtbar sein

Übersetzung

Auch von den Hasen gibt es mehrere Arten. In den Alpen leben die weißen, und man glaubt, in den Wintermonaten diene ihnen Schnee zur Nahrung; gewiß ist, daß sie alljährlich bei der Schneeschmelze ein rötliches Fell bekommen; und es ist überhaupt dieses Tier ein Sprößling unerträglicher Kälte. Zum Hasengeschlecht gehören auch die Tiere, welche man in Spanien Kaninchen [cuniculi] nennt; ihre Fruchtbarkeit geht ins Unendliche und sie verursachen auf den Balearischen Inseln durch Vernichtung der Ernten Hungersnot. [...] *(218)* [...] Groß ist der Dank, der wegen der Kaninchenjagd den Frettchen geschuldet wird: man schickt diese in die Erdhöhlen, die vielverzweigte Ausgänge [= cuniculi] haben – daher auch der Name des Tieres [cuniculus] – und fängt dann die herausgejagten Kaninchen an der Oberfläche. [...] *(219)* Die gütige Natur offenbart sich darin, daß sie unschädliche und eßbare Tiere so fruchtbar machte. Der Hase, zur Beute aller Tiere geboren, wird außer dem Dasypus als einziges Tier überbefruchtet; während er ein Junges aufzieht, hat er ein anderes bereits behaartes, ein drittes noch nacktes und ein viertes erst im Entstehen befindliches im Leibe. [...] *(220)* Hasen lassen sich selten zähmen, obwohl man sie eigentlich auch nicht als wild bezeichnen kann; denn mehrere Tiere sind weder zahm noch wild, sondern haben eine Natur, die sich in der Mitte zwischen beiden Arten befindet, wie bei den fliegenden Tieren die Schwalben und die Bienen und im Meer die Delphine.
Übersetzung: König / Winkler

Ebenso konzis wie eindrücklich ist die Schilderung der jahreszeitenabhängigen Veränderung der Fellfarbe; wenig überraschend ist, dass sich in die Menge der richtigen Beobachtungen die eigentümliche Behauptung eingeschlichen hat, dass sich die Hasen in den Alpen während der Wintermonate von Schnee ernähren. (Dies hängt freilich damit zusammen, dass man sich nicht vorstellen konnte, wie die kleinen Säugetiere es schaffen, durch die dicke Schneedecke an Nahrung zu gelangen.) Bemerkenswert ist neben der plastischen Detailverliebtheit im Rahmen der Schilderung der unglaublichen Fruchtbarkeit der Hasen und Kaninchen v.a. die Tatsache, dass Plinius bewusst gewesen sein dürfte, dass es sich bei Hasen und Kaninchen um Hasenartige und nicht um Nagetiere handelt – eine Verwechslung, die vielen unterlaufen ist und nach wie vor unterläuft. HalterInnen von Kaninchen und Hasen dürften auch Plinius' Feststellung zustimmen, dass sie selten ganz zahm werden. Die Aufzählung der Gattungen, die sich in einem nicht näher definierbaren Mittelfeld zwischen eindeutig domestiziertem Tier und Wildtier bewegen, ließe sich freilich fortsetzen – VIII, 221 werden auch noch die Mäuse in diese Gruppe eingeordnet –, doch erhebt Plinius weder einen Anspruch auf Vollständigkeit, noch waren ihm bereits alle Tiere bekannt, die man aus heutiger Perspektive sofort in diese Kategorie einordnen würde, wie z.B. Meerschweinchen oder Chinchillas.

Die Schwalben, die Plinius neben den Delphinen und den Bienen im selben Atemzug nennt, würde man in moderner Terminologie als Kulturfolger bezeichnen – als Tiere, die sich bestimmte Teile der vom Menschen veränderten Natur als Habitat angeeignet haben. Ohne diesen Terminus zu gebrauchen, vermittelt Plinius seinen Lesern – wenn auch keinesfalls als sein Hauptanliegen – die Botschaft, dass Koexistenz (und z.T. Symbiose) möglich ist.

Die bisher ausgewählten Textbeispiele waren allesamt Mischungen aus haltbaren Tatsachen und kuriosen Elementen – wobei das Mischungsverhältnis von Fall zu Fall recht unterschiedlich war. Was Plinius hingegen über den Kuckuck behauptet, ist nur im innersten Kern zutreffend; die Details gehören samt und sonders ins Reich der Phantasie (X, 25-27):

Coccyx videtur ex accipitre fieri, tempore anni figuram mutans; quoniam tunc non apparent reliqui nisi perquam paucis diebus. Ipse quoque, modico tempore aestatis visus, non cernitur postea. Est autem neque aduncis unguibus solus accipitrum, nec capite similis illis neque alio quam colore, ac visu columbi potius; quin et absumitur ab accipitre, si quando una apparuere, sola omnium avis a suo genere interempta. *(26)* Mutat autem et vocem. Procedit vere, occultatur Caniculae ortu, semperque parit in alienis nidis, maxime palumbium; maiore ex parte singula ova, quod nulla alia avis, raro bina. Causa pullos subiciendi putatur, quod sciat se invisam cunctis avibus; nam minutae quoque infestant. Ita non fore tutam generi suo stirpem opinatur, ni fefellerit; quare nullum facit nidum; alioqui trepidum animal. *(27)* Educat ergo subditum adulterato feta nido. Ille, avidus ex natura, praeripit cibos reliquis pullis; itaque pinguescit et nitidus in se nutricem convertit. Illa gaudet eius specie miraturque sese ipsam, quod talem peperit; suos comparatione eius damnat, ut alienos absumique etiam se inspectante patitur, donec corripiat ipsam quoque, iam volandi potens. Nulla tunc avium suavitate carnis comparatur illi.

coccyx, -ygis m.: Kuckuck – **accipiter**, -tris m.: Habicht – **aduncus** 3: gekrümmt, (ein)gebogen – **columbus**, -i m.: Täuberich, männliche Taube – **Canicula**, -ae f.: Hundsstern – **palumbes**, -is m./f.: Ringeltaube – **pullus**, -i m.: hier: Küken

Übersetzung

Der Kuckuck scheint aus dem Habicht zu entstehen, indem er das Aussehen zu einer bestimmten Jahreszeit ändert; denn die übrigen Habichte treten dann mit Ausnahme ganz weniger Tage nicht in Erscheinung. Er selbst ist auch nur während einer nicht sonderlich langen Zeit im Sommer sichtbar, darauf wird er nicht mehr beobachtet. Er allein hat aber unter den Habichten keine eingebogenen Krallen, ähnelt ihnen weder am Kopfe noch sonstwo außer in der Farbe und hat eher das Aussehen einer Taube; ja, er wird sogar vom Habicht, wenn beide einmal zusammen auftreten, geschlagen und ist demnach der einzige unter allen Vögeln, der von seiner eigenen Art getötet wird. *(26)* Er ändert auch seine Stimme. Er erscheint im Frühling, verbirgt sich beim Aufgang des Hundssterns und legt seine Eier immer in fremde Nester, besonders in die der Ringeltauben; meist nur ein einzelnes Ei, was kein anderer Vogel tut, selten zwei. Man

glaubt, er schiebe deshalb seine Jungen unter, weil er weiß, daß er allen Vögeln verhaßt ist; denn auch kleine Vögel greifen ihn an. So meint er, lasse sich die Nachkommenschaft nur durch Betrug sichern; deshalb baut er kein Nest; er ist an sich schon ein scheues Tier. *(27)* Ein Weibchen mit eigener Brut zieht aber den untergeschobenen Fremdling in ihrem mißbrauchten Nest auf. Dieser, freßgierig von Natur, schnappt den übrigen Jungen das Futter weg; er wird daher fett und glänzend und zieht so die Aufmerksamkeit seiner Pflegemutter auf sich. Sie freut sich über sein Aussehen und bewundert sich selbst, daß sie solch ein Junges hervorgebracht hat; sie vernachlässigt im Vergleich mit ihm ihre eigenen Jungen wie fremde und duldet es, daß sie sogar vor ihren Augen beseitigt werden, bis er, flügge geworden, sie selbst auch packt. Keiner der Vögel hat zu dieser Zeit ein ihm vergleichbar wohlschmeckendes Fleisch.
Übersetzung: König / Winkler

Für die erfolgreiche Umsetzung von so komplexen Verhaltensmustern, wenngleich der Grund für das Unterschieben der Eier aus entschieden zu menschlicher Perspektive völlig falsch erklärt ist – in Wahrheit sichern Kuckucke durch den sogenannten Brutparasitismus den Erhalt ihrer Art, indem sie in zahlreiche Nester jeweils ein Ei legen, das farblich sogar an die der Wirtseltern angepasst ist –, bedarf es einer klar definierten Strategie und hoher Intelligenz.[71] – Planendes Verhalten im Tierreich ist für jeden Naturforscher von besonderem Interesse; Plinius ist da keine Ausnahme. Bei den Vögeln fasziniert ihn v.a. die Klugheit der Raben. Er schildert eine Beobachtung, die durch moderne Verhaltensforschung in ihrem Wahrheitsgehalt belegt ist; eine Krähe hat Durst und ein Gefäß mit Wasser vor sich, an das sie aber nicht gelangen kann, weil das Gefäß tief und der Wasserstand niedrig ist.[72] Sie behilft sich mit Steinchen, die sie so lange hineinwirft, bis die Flüssigkeit entsprechend steigt (X, 125):

Tradendum putavere memoriae quidam, visum per sitim lapides congerentem in situlam monimenti, in qua pluvia aqua durabat, sed quae attingi non posset; ita descendere paventem expressisse tali congerie quantum poturo sufficeret.

situla, -ae f.: Gefäß, Behälter – **congeries**, -ei f.: Haufen, Aufhäufung

---

[71] Vorteile des Brutparasitismus für die Wirtsvögel hat eine rezente Studie erwiesen: http://science.orf.at/stories/1735313/ (21.07.2014) mit Verweis auf: Daniela CANESTRARI / Diana BOLOPO / Ted C. J. TURLINGS / Gregory RÖDER / José M. MARCOS / Vittorio BAGLIONE, From Parasitism to Mutualism: Unexpected Interactions Between a Cuccoo and Its Host, Science vol. 343 no. 6177 (21.03.2014), 1350-52 (DOI: 10.1126/science.1249008); vgl. http://www.sciencemag.org/content/343/6177/1350.

[72] http://science.orf.at/stories/1735637/ (21.07.2014) mit Verweis auf: Sarah A. JELBERT / Alex H. TAYLOR / Lucy G. CHEKE / Nicola S. CLAYTON / Russell D. GRAY, Using the Aesop‘s Fable Paradigm to Investigate Causal Understanding of Water Displacement by New Caledonian Crows, Plos One (DOI: 10.1371/journal.pone.0092895); vgl. das Abstract: http://www.plosone.org/article/info%3Adoi%2F10.1371%2Fjournal.pone.0092895.

Übersetzung

Einige haben auch für mitteilenswert gehalten, man habe einen Raben beobachtet, der aus Durst in die Urne eines Denkmals mit einem Rest Regenwasser, das er aber nicht erreichen konnte, Steine zusammentrug; da er Angst hatte, hineinzusteigen, habe er durch diese Steinmasse das Wasser so weit ansteigen lassen, daß er genug zu trinken bekam.
Übersetzung: König / Winkler

Avian demonstriert in seiner 27. Fabel die Kenntnis dieses Beispiels herausragender Intelligenz, indem er sein Exempel für die Problemlösungskompetenz von Rabenvögeln in Verse gießt:

De cornice et urna
Ingentem sitiens cornix aspexerat urnam,
Quae minimam fundo continuisset aquam.
Hanc enisa diu planis effundere campis,
Scilicet ut nimiam pelleret inde sitim,
Postquam nulla viam virtus dedit, admovet omnes
Indignata nova calliditate dolos.
Nam brevis immersis accrescens sponte lapillis
Potandi facilem praebuit unda viam.
Viribus haec docuit quam sit prudentia maior,
Qua coeptum volucris explicuisset opus.

urna, -ae f.: Gefäß, Behälter – **lapillus**, -i m.: Steinchen

Übersetzung

Krähe und Krug
Einen riesigen Krug erblickt' eine durstige Krähe,
wenig Wasser enthielt aber im Boden er nur.
Lange bemühte sie sich, auf ebenen Grund ihn zu kippen,
daß sie ergieße das Naß, stillend den quälenden Durst.
Doch als Kraft ihr nicht half, da wurde sie zornig und wandte
an neuartige List, die ihre Schlauheit ersann.
Steinchen warf sie hinein, bis so von selber das Wasser
stieg, und so ihr gewährt' leichteren Zugang zum Trunk.
Also lehrte sie uns, daß Klugheit stärker als Kraft ist,
denn durch Klugheit allein hatte ihr Werk sie vollbracht.
Übersetzung: Schnur / Keller

Plinius wiederum kennt noch ein Beispiel für die hohe Intelligenz von Krähen – ihre Kreativität beim Knacken von Nüssen. Der Ausgangspunkt seiner Schilderung ist jedoch die Fußform, nach der sich Vögel in unterschiedliche Gruppen einteilen lassen (X, 29f.):

Volucrum prima distinctio pedibus maxime constat: aut enim aduncos ungues habent aut digitos, aut palmipedum in genere sunt, uti anseres et aquaticae fere aves; aduncos ungues habentia carne tantum vescuntur ex parte magna; cornices et alio pabulo; *(30)* ut quae duritiam nucis rostro repugnantem volantes in altum in saxa tegulasve iaciant iterum ac saepius, donec quassatam perfringere queant. Ipsa ales est inauspicatae garrulitatis, a quibusdam tamen laudata. [...]

distinctio, -onis f.: Unterscheidung – **palmipes**, -pedis: breitfüßig – **pabulum**, -i n.: Nahrung, Futter – **duritia**, -ae f.: Härte, Festigkeit – **inauspicatus** 3: von unglücklicher Bedeutung

Übersetzung

Am nächsten liegt es, die Vogelwelt nach der unterschiedlichen Gestalt der Füße einzuteilen: denn sie haben entweder krumme Krallen bzw. Zehen oder sie gehören zur Gattung der Breitfüße, wie die Gänse und fast <alle> Wasservögel; diejenigen, welche krumme Krallen haben, nähren sich zum großen Teil nur von Fleisch; die Krähen jedoch <leben> auch von anderem Futter; *(30)* wenn z.B. eine Nuß für ihren Schnabel zu hart ist, fliegen sie in die Höhe und werfen sie zweimal und öfters auf Steine oder Dachziegel, bis sie die geborstene Nuß aufbrechen können. Dieser Vogel ist zwar von unglückbringender Geschwätzigkeit, wird aber doch von einigen gelobt.
Übersetzung: König / Winkler

Auch der kunstvolle Nestbau so mancher Vogelart nötigt Plinius größten Respekt ab (X, 92-100). Er spricht X, 92 von *ingenia magis admiranda*, betont somit, dass „ihre natürliche Begabung mehr Bewunderung verdient" (*Übersetzung: König / Winkler*), und berichtet von einer höchst individuellen Transporttechnik für Eier durch Elstern, wenn sie – selbst Nesträuber – ihr Nest durch den Menschen gefährdet sehen (X, 98):

Picae cum diligentius visum ab homine nidum sensere, ova transgerunt alio. Hoc in his avibus, quarum digiti non sint accommodati conplectendis transferendisque ovis, miro traditur modo: namque surculo super bina ova inposito ac feruminato alvi glutino, subdita cervice medio, aequa utrimque libra deportant alio.

pica, -ae f.: Elster – **surculus**, -i m.: Zweig, Ästchen – **fer(r)uminare** 1: zusammenkitten, zusammenkleben – **alvus**, -i f.: Bauch – **glutinum**, -i n. (auch: **gluten**, -inis n.): Leim, Kleber, Klebstoff – **cervix**, -icis f.: Nacken, Genick – **libra**, -ae f.: Waage → **aequa libra**: Gleichgewicht

Übersetzung

Wenn die Elstern merken, daß ihr Nest von einem Menschen ungewöhnlich aufmerksam betrachtet wird, bringen sie ihre Eier anderswohin. Dies soll bei diesen Vögeln, deren Zehen sich zum Ergreifen und Forttragen der Eier nicht eignen, auf merkwürdige Weise geschehen: Sie legen nämlich einen kleinen Zweig über zwei Eier, leimen ihn mit ihrer klebrigen Ausscheidung fest, legen den Hals in der Mitte darunter und bringen <die Eier> auf beiden Seiten im Gleichgewicht anderswohin.
Übersetzung: König / Winkler

Aristoteles, auf den sich Plinius sonst oft und gerne bezieht, erwähnt nichts Derartiges, und auch die hier gewählte Formulierung lässt Plinius' eigene Skepsis gegenüber dieser seltsamen Schilderung durchklingen.

Doch so klug sie auch sein mögen, irgendwann gelangen Vögel an ihre Grenzen. Eine ornithologische Variante des sprichwörtlichen „Perlen vor die Säue Werfens" kreiert Phaedrus III, 12. Ein Huhn findet in einem Misthaufen eine Perle (resp. einen Edelstein). Es erkennt zwar den Wert, aber gleichzeitig, dass es selbst gar nichts damit anfangen kann:

Pullus ad margaritam
In sterquilinio pullus gallinaceus,
dum quaerit escam, margaritam repperit.
„Iaces indigno quanta res" inquit „loco!
Hoc si quis pretii cupidus vidisset tui,
olim redisses ad splendorem pristinum.
Ego quod te inveni, potior cui multo est cibus,
nec tibi prodesse nec mihi quicquam potest."
Hoc illis narro, qui me non intellegunt.

gallinaceus 3: Hühner- – **sterquilinium**, -i n.: Misthaufen – **esca**, -ae f.: Nahrung, Futter

Übersetzung

Das Hähnchen und die Perle
Ein Hähnchen „Gallus gallus"[73] suchte stets in einem Haufen Mist
Sein Futter. Eine Perle fand es da.
„Da liegst du", sagt es, „du, ein Ding von Wert, an so gemeinem Platz.
Wenn jemand das gesehen hätte, den dein Preis verlockt,
du wärest längst zum alten Glanz zurückgekehrt.
Ich bin es nun, der dich gefunden hat, dem sehr viel besser Futter schmeckt.
Jetzt kannst du mir nichts und ich dir nichts nützen."
Das sage ich denen, die mich nicht verstehen.
Übersetzung: Oberg

Die Fabel enthält eine durchaus positive Betrachtung des Huhns. Aus seiner Sicht hat es richtig entschieden; im Unterschied zum vom Luxus verwöhnten Menschen[74] kann es – authentisch, unschuldig und v.a. (im Sinn von „ganz seiner Natur gehorchend") naturbelassen – dem Wertgegenstand nichts abgewinnen. Gerade weil das Huhn nichts oder zumindest wenig Menschliches an sich hat, verliert es selbst nichts, bedauert aber, nichts für sein unbeseeltes Gegenüber tun zu können. – Ganz anders in der Geschichte vom Fuchs und den Trauben (bzw. dem Käse). Die Fabel kennt man zumeist in der Form, dass der schlaue Fuchs dem Raben durch schmeichelnde List das begehrte Futter abluchst, das der stattliche Vogel im Schnabel hält – auf höchst untierische, dafür sehr menschliche Weise (Phaedrus I, 13):

---

[73] Der schwedische Naturforscher Carl von Linné legte 1758 die Bezeichnungen *Gallus gallus* für das Bankivahuhn und *Gallus gallus domesticus* für das Haushuhn fest.

[74] Gerahmt von der Purpurschnecke (und reich an anekdotenhaften Schilderungen – von Lollia Paulina bis Kleopatra) ist Plinius' Luxusexkurs IX, 117-124. Als Ausgangspunkt dient ihm die Behandlung der Muscheln, in denen Perlen wachsen (IX, 106-116).

Vulpis et corvus
Qui se laudari gaudet verbis subdolis,
Fere dat poenas turpi paenitentia.
Cum de fenestra corvus raptum caseum
Comesse vellet, celsa residens arbore,
Vulpes hunc vidit, deinde sic coepit loqui:
„O qui tuarum, corve, pennarum est nitor!
Quantum decoris corpore et vultu geris!
Si vocem haberes, nulla prior ales foret."
At ille stultus, dum vult vocem ostendere,
Emisit ore caseum, quem celeriter
Dolosa vulpes avidis rapuit dentibus.
Tunc demum ingemuit corvi deceptus stupor.

subdolus 3: verschlagen, hinterhältig, unehrlich – **comesse** (oft für: *comedere* 3): verzehren, auf(fr)essen

Übersetzung
Rabe, Fuchs und Käse
Wer an hinterhältigen Lobsprüchen Gefallen findet,
büßt in der Regel durch schmachvolle Reue.
Als der Rabe einen Käse, den er stahl von einem Fensterbrett,
verzehren wollte, setzte er sich hoch auf einen Baum.
Dort sah der Fuchs ihn und fing an mit ihm zu reden:
„Hei, welchen Glanz hat dein Gefieder, Rabe!
Wie schön dein Körper und dein Antlitz!
Wenn du auch noch Stimme hättest, wäre dir kein Vogel überlegen."
Nein, dieser Dummkopf! Wollte seine Stimme zeigen –
und ließ den Käse aus dem Schnabel fallen! Und der Fuchs,
der listenreiche, fing ihn schnell mit seinen Zähnen gierig auf.
Nun endlich stöhnte – nasgeführt – des Raben Blödigkeit.
Übersetzung: Oberg

Der Rabe muss aufgrund der Verschlagenheit des Fuches hungrig wegfliegen – und wegen seiner eigenen Blasiertheit, einer zutiefst menschlichen und niemals genuin „rabenhaften" Eigenschaft. – Dem Ziegenbock ergeht es noch schlechter; seine Gesundheit ist wegen der List des in einer Notlage befindlichen Fuchses in Gefahr, wie Phaedrus IV, 9 eindrucksvoll zeigt:

Vulpis et Caper
Homo in periclum simul ac venit callidus,
reperire effugium quaerit alterius malo.
Cum decidisset vulpes in puteum inscia
et altiore clauderetur margine,
devenit hircus sitiens in eundem locum.
Simul rogavit, esset an dulcis liquor
et copiosus. Illa fraudem moliens:
„Descende, amice; tanta bonitas est aquae,
voluptas ut satiari non possit mea."

Immisit se barbatus. Tum vulpecula
evasit puteo, nixa celsis cornibus,
hircumque clauso liquit haerentem vado.

moliri 4 (selten: *molire* 4): beginnen, anfangen – **vadum**, -i n.: hier: Tiefe, Abgrund

Übersetzung

Fuchs und Bock im Brunnen
Ein Mensch kommt in Gefahr: doch ist er schlau,
sucht er ihr zu entkommen, auch zu eines andern Leid.
In einen Brunnen fiel die Füchsin aus Versehen,
der allzu hohe Rand schloß sie nun ein.
Da kam ein Ziegenbock – der hatte Durst – zum selben Ort.
Gleich fragte er, ob's Wasser lecker sei
und reichlich. Fuchsfrau sann auf List:
„Komm runter, Freund! Das Wasser ist so gut,
daß meine Trinklust nicht zu stillen ist."
Hinunter läßt sich Ziegenbart. Und so entwischt
Frau Fuchs dem Brunnen, aufgestützt aufs hohe Horn;
den Bock, den läßt sie hängen in dem klammen Grund.
Übersetzung: Oberg

Hier lässt aber nicht eine negative Eigenschaft das Opfer scheitern, sondern etwas, das man Ziegen (nicht zu Unrecht) nachsagt: Sie kosten gerne gutes Futter, koste es, was es wolle. – IV, 3 präsentiert Phaedrus hingegen eine Variante, in der der Fuchs kein Gegenüber hat, sondern ganz allein vor – oder präziser: weit unter – dem ersehnten Futter sitzt. Seine Enttäuschung und seinen Ärger sublimierend, spricht er der Traube jeglichen Genusswert ab, sobald er erkennen muss, dass er sie aus eigener Kraft niemals erreichen kann:

De vulpe et uva
Fame coacta vulpes alta in vinea
uvam appetebat, summis saliens viribus.
Quam tangere ut non potuit, discedens ait:
„Nondum matura est; nolo acerbam sumere."
Qui, facere quae non possunt, verbis elevant,
ascribere hoc debebunt exemplum sibi.

elevare 1: mindern

Übersetzung

Hungriger Fuchs an hohen Rebstöcken
Den Fuchs trieb Hunger, als er hoch im Weinstock
eine Traube zu erreichen suchte, sprang nun zwar aus allen Kräften,
konnte sie jedoch nicht kriegen, ging davon und sagte:
„Sie ist noch unreif, und ich will keine saure nehmen."
Wer das, was er nicht schaffen kann, mit Worten aufhebt,
wird das Beispiel wohl auf sich beziehen müssen.
Übersetzung: Oberg

Dieser Fuchs ist – fabeltypisch – menschlich. Und solche menschlichen Füchse haben oft schlaue Gegner: Phaedrus erzählt I, 26 von der süßen Rache eines Storchs, der dem Fuchs nach einer missglückten Einladung zum Essen eine nicht minder eigennützige Gegeneinladung ausspricht:

Vulpis et ciconia
Nulli nocendum: si quis vero laeserit,
multandum simili iure fabella admonet.
Vulpes ad cenam dicitur ciconiam
prior invitasse, et illi in patina liquidam
posuisse sorbitionem, quam nullo modo
gustare esuriens potuerit ciconia.
Quae, vulpem cum revocasset, intrito cibo
planem lagonam posuit; huic rostrum inserens
satiatur ipsa et torquet convivam fame.
Quae cum lagonae collum frustra lamberet,
peregrinam sic locutam volucrem accepimus:
„Sua quisque exempla debet aequo animo pati."

multare 1: (be)strafen – **sorbitio**, -onis f.: Nahrung – **intritus** 3: aus Körnern

Übersetzung
Fuchs und Storch bewirten einander
Man darf niemandem schaden. Wird aber doch jemand verletzt oder beleidigt,
ist es Recht, so empfiehlt die Fabel, an ihm gleiche Vergeltung zu üben.
Der Fuchs zuerst, erzählt man, habe einen Storch
zu Tisch geladen und auf flachem Teller diesem eine dünne
Suppe vorgesetzt, von der er trotz des Hungers ganz unmöglich kosten konnte, er als [Storch.
Wie dieser seinerseits den Fuchs einlädt, tut er Geriebenes
in eine Flasche, setzt sie vollgefüllt ihm vor, führt selbst den Schnabel in die Flasche
und wird satt; sein Gast soll Hunger leiden.
Als der am Flaschenhals vergeblich leckte,
soll, wie man erzählt, der Wandervogel so gesprochen haben:
„Ein jeder muß, wenn er ein Vorbild gibt, mit Gleichmut Gleiches tragen."
Übersetzung: Oberg

Manchmal mangelt es dem Fuchs an Verständnis für die besonderen Talente und einzigartigen Fähigkeiten anderer Tiere, wie Avian in seiner 6. Fabel zeigt, in der der Fuchs aufgrund rein äußerlicher und absolut oberflächlicher Beurteilung die medizinische (Pseudo)qualifikation des Frosches verspottet. Doch auch der Frosch wird nicht positiv beurteilt, da er sich anmaßt, über Fähigkeiten zu verfügen, die er definitiv nicht hat. Die Kunst dieser Fabel besteht somit in der auf beide Parteien gerichteten Kritik:

De rana et vulpe
Edita gurgitibus limoque immersa profundo
  Et luteis tantum semper amica vadis,

Ad superos colles herbosaque prata recurrens
Mulcebat miseras turgida rana feras,
Callida quod posset gravibus succurrere morbis
Et vitam ingenio continuare suo;
Nec se Paeonio iactat cessisse magistro.
Quamvis perpetuos curet in orbe deos.
Tunc vulpes pecudum ridens astuta quietem
Verborum vacuam prodidit esse fidem:
„Haec dabit aegrotis“, inquit, „medicamina membris,
Pallida caeruleus cui notat ora color?“
Ne sibimet quisquam de rebus inaniter ullis,
Quod nequit imponat, nostra fabella monet.

gurges, -itis m.: tiefes Wasser, Strudel – **Paeonius** 3: päonisch (d.i. heilkundig)

Übersetzung

Der Frosch und der Fuchs
Hoch oben bald im Strudel, bald auf tiefstem Grund,
jedoch stets wühlend in dem Schlamm,
bald unterwegs zu den Hügeln und zu grünen Wiesen,
sprach, blähend sich, der Frosch zum Trost dem Wildgetier,
so klug, wie *er* sei, könnt er Krankheiten beheben
und längres Leben durch die Kunst verleihn.
Selbst hinterm Meisterarzt Päon, so prahlt' er, braucht' er nicht zurückzustehn,
mocht der den Göttern ständig auch Betreuer sein.
Der schlaue Fuchs jedoch belacht' der Tiere Einfalt
und prangerte, was jener nichtig sagte, an.
„*Der*“, sprach er, „soll für kranke Glieder Medizin besitzen,
des fahles Antlitz ist gezeichnet von der Farb des Todes?“
Es mög von Dingen, die er nicht vermag,
leichtfertig keiner etwas auf sich nehmen. Dies ist die Mahnung unsrer Fabel.
Übersetzung: Irmscher

Dergleichen menschliche (oder vermenschlichende) Züge prägen die Gattung der Fabel. Ohne dieses genosspezifische Element wären viele Fabeln keine. – Jedes Genre hat typische Merkmale. Fachliteratur wie die *Naturalis historia* des Plinius zeichnet sich durch hohe Faktendichte aus (wobei es, wie gezeigt wurde, durchaus zu dem einen oder anderen Missgriff kommen kann) und durch eine ausgewogene Mischung aus Tradition und Innovation. So ist für Plinius selbstverständlich, dass Tiere schlafen (X, 209f.), wobei er sogar vom vernehmbaren Schnarchen (*stertentes audiuntur*) der Wale und Delphine zu berichten weiß; und auch Träume bei Tieren sind ihm nicht fremd (X, 211f.):

> […] Est autem somnus nihil aliud quam animi in medium sese recessus. *(212)* Praeter hominem somniare equos, canes, boves, pecora, capras palam est. Ob hoc creditur et in omnibus, quae animal pariant. De his, quae ova gignunt, incertum est; sed dormire ea certum.

Übersetzung

Der Schlaf ist aber nichts anderes als ein Zurückgehen der Seele in sich selbst. *(212)* Daß außer dem Menschen die Pferde, Hunde, Ochsen, Schafe und Ziegen träumen, ist allgemein bekannt. Man glaubt deshalb, daß dies bei allen Lebendgebärenden ebenso der Fall ist. Von den Tieren, die Eier legen, ist es ungewiß; sicher ist es aber, daß sie schlafen.
Übersetzung: König / Winkler

Dass man bei Pferden an der Haltung der Ohren die Gemütsverfassung ablesen kann, weiß er ebenfalls (XI, 137):

[...] In equis et omni iumentorum genere indicia animi praeferunt, marcidae fessis, micantes pavidis, subrectae furentibus, resolutae aegris.

Übersetzung

Bei den Pferden und allen Arten von Lasttieren zeigen die Ohren die Gemütsverfassung an; bei müden sind sie schlaff, bei furchtsamen zitternd, bei wütenden aufgerichtet und bei kranken ermattet.
Übersetzung: König / Hopp

Umso erstaunlicher ist sein Fehlurteil über die tierische Mimik, das er gleich im Anschluss abgibt (XI, 138):

Facies homini tantum, ceteris os aut rostra. Frons et aliis, sed homini tantum tristitiae, hilaritatis, clementiae, severitatis index.

Übersetzung

Nur der Mensch hat ein Gesicht, die übrigen Lebewesen besitzen ein Maul oder einen Schnabel. Auch andere haben eine Stirne, aber nur beim Menschen ist sie ein Ausdruck der Traurigkeit, Fröhlichkeit, Milde und Strenge.
Übersetzung: König / Hopp

Ebenfalls unzutreffend ist seine Meinung, nur Mensch und Pferd würden graues Haar bekommen (XI, 131: *Canities homini et equo.* „Nur der Mensch und das Pferd werden grau.“ *Übersetzung: König / Hopp*).

Körpersprache ist für Plinius mehrfach von Interesse. So weiß er auch die Signale zu deuten, die Löwen mit ihrem Schwanz geben (VIII, 49):

Leonum animi index cauda, sicut et equorum aures; namque et has notas generosissimo cuique natura tribuit. Inmota ergo placido, clemens blandienti, quod rarum est: crebrior enim iracundia, cuius in principio terra verberatur, incremento terga ceu quodam incitamento flagelliantur. [...]

Übersetzung

Der Löwen Stimmung äußert sich im Schwanz, so wie bei den Pferden an den Ohren; denn auch diese Merkmale hat die Natur den jeweils edelsten Tieren verliehen. Bewegt der Löwe den Schwanz nicht, ist er sanft, wedelt er ein wenig, so schmeichelt er, was

> jedoch selten ist: denn häufiger ist seine Wut, bei deren Beginn die Erde mit dem Schwanz geschlagen, bei deren Anwachsen der Rücken gepeitscht wird, als wolle er sich dadurch mehr anstacheln.
> *Übersetzung: König / Winkler*

Plinius entwirft mit seinen vergleichenden Beobachtungen ein komplexes System und eine elaborierte Verweistechnik, wodurch sich für den aufmerksamen Leser ein regelrechtes Netzwerk an Anknüpfungspunkten zu eigenen Erfahrungen, aber auch zu Passagen an anderen Orten in der *Naturalis historia* (resp. zu anderen Bezugstexten) entfaltet. Analog zu den vielfältigen anatomischen und mentalitätsgeschichtlichen Unterschieden zwischen Tier und Mensch arbeitet Plinius auch zahlreiche Gemeinsamkeiten heraus (XI, 245f.):

> [...] Animalium quaedam ut manibus utuntur priorum ministerio pedum sedentque ad os illis admoventia cibos, ut sciuri. *(246)* Nam simiarum genera perfectam hominis imitationem continent facie, naribus, auribus, palpebris, quas solae quadripedum et in inferiore habent gena, iam mammas in pectore et bracchia et crura in contrarium similiter flexa, in manibus ungues, digitos longioremque medium. Pedibus paulum differunt; sunt enim ut manus praelongae, sed vestigium palmae simile faciunt. Pollex quoque iis et articuli ut homini, ac prater genitale – et hoc in maribus tantum – viscera etiam interiora omnia ad exemplar.

sciurus, -i m.: Eichhörnchen, Eichkätzchen – **palpebra**, -ae f.: Wimper – **quadripes**, -pedis (auch: *quadrupes*): vierfüßig, vierbeinig, mit vier Füßen / Beinen – **gena**, -ae f.: hier: Lid – **praelongus** 3: sehr lang, überlang – **articulus**, -i m.: Glied, Gelenk

Übersetzung

> Manche Tiere gebrauchen die Vorderpfoten wie Hände und sitzen, wenn sie die Nahrung damit ins Maul füttern wie die Eichhörnchen. *(246)* Die Affenarten lassen durch Gesicht, Nasen, Ohren und Wimpern, die sie allein unter den Vierfüßlern auch am unteren Lide haben, eine vollkommene Ähnlichkeit mit den Menschen erkennen; ferner besitzen sie die Warzen an der Brust, die Arme, die Beine, die ähnlich <wie beim Menschen> in entgegengesetzter Richtung gebogen werden, die Nägel an den Händen, die Finger und einen längeren Mittelfinger. An den Füßen besteht einiger Unterschied; denn sie sind, wie die Hände, sehr lang, hinterlassen aber eine der Handfläche ähnliche Spur. Ferner haben sie auch einen Daumen und Glieder daran wie der Mensch und, außer dem Geschlechtsteil – dies nur bei den männlichen Tieren – entsprechen sogar alle inneren Eingeweide ihrem Ebenbild.
> *Übersetzung: König / Hopp*

Worin man sich wiedererkennt, findet man oft Gefallen. Was einem ähnlich ist, stößt gemeinhin auf Verständnis. Was schwächer ist, erzeugt Hilfsbereitschaft, und was stärker ist, führt zu Bewunderung. Und genau an diesem Punkt setzt Plinius bei seinem Preis der Insekten an. An ihnen verdeutlicht Plinius seine Hochachtung vor der Natur (XI, 1-4):

Restant inmensae subtilitatis animalia, quando aliqui ea neque spirare et sanguine etiam carere prodiderunt. Multa haec et multigenera, terrestrium volucrumque vita (alia pedata, ut iulus, alia pinnata, ut apes, alia utroque modo, ut formicae, aliqua et pinnis et pedibus carentia), et iure omnia insecta appellata ab incisuris, quae nunc cervicium loco, nunc pectorum atque alvi, praecincta separant membra, tenui modo fistula cohaerentia, aliquis vero non tota incisurae ambiente ruga, sed in alvo aut superne tantum imbricatis flexili vertebris, nusquam alibi spectatiore naturae rerum artificio. *(2)* In magnis siquidem corporibus aut certe maioribus facilis officina sequaci materia fuit: in his tam parvis atque tam nullis quae ratio, quanta vis, quam inextricabilis perfectio! Ubi tot sensus collocavit in culice? Et sunt alia dictu minora: sed ubi visum in eo praetendit? Ubi gustatum adplicavit? Ubi odoratum inseruit? Ubi vero truculentam illam et portione maximam vocem ingeneravit? *(3)* Qua subtilitate pinnas adnexuit, praelongavit pedum crura, disposuit ieiunam caveam uti alvum, avidam sanguinis et potissimum humani sitim accendit! Telum vero perfodiendo tergori quo spiculavit ingenio atque, ut in capaci, cum cerni non possit exilitas, reciproca generavit arte, ut fodiendo acuminatum pariter sorbendoque fistulosum esset! Quos teredini ad perforanda robora cum sono teste dentes adfixit potissimumque e ligno cibatum fecit! *(4)* Sed turrigeros elephantorum miramur umeros taurorumque colla et truces in sublime iactus, tigrium rapinas, leonum iubas, cum rerum natura nusquam magis quam in minimis tota sit. Quapropter, quaeso, ne legentes, quoniam ex his spernunt multa, etiam relata fastidio damnent, cum in contemplatione naturae nihil possit videri supervacuum.

subtilitas, -atis f.: Feingliedrigkeit, Feinheit, Zartheit, Zerbrechlichkeit – **iulus**, -i m.: Tausendfüßler – **imbricatus** 3: hohl(ziegelartig) – **vertebra**, -ae f. (auch: *vertebrum*): Teil des Rückgrats / der Wirbelsäule, Wirbel(knochen), Gelenk – **inextricabilis,** -e: unvergleichlich, unergründlich – **truculentus** 3: grimmig, wild, rauh – **tergus**, -oris n.: Haut – **spiculare** 1: spitz machen, zuspitzen – **reciprocus** 3: hier: doppelt, zweifach, wechselseitig – **acuminatus** 3: zugespitzt, spitz – **fistulosus** 3: rohrförmig – **teredo**, -inis f.: Holzwurm – **supervacuus** 3: überflüssig, unnötig

Übersetzung

Übrig bleiben <zur Betrachtung> Tiere von unendlicher Feinheit; einige <Autoren> haben ihnen das Atmen und sogar das Blut abgesprochen. Es gibt viele und verschiedenartige, und ihre Lebensweise gleicht der der Landtiere und Vögel; einige haben Füße, wie die Tausendfüßler, einige sind geflügelt, wie die Bienen, andere teils geflügelt, teils nicht, wie die Ameisen, und wieder andere haben weder Flügel noch Füße; mit Recht heißen sie alle Insekten wegen der Einschnitte, die bald am Hals, bald an der Brust und am Bauch die Glieder trennen, wobei sie nur durch eine dünne Röhre zusammenhängen; bei einigen läuft aber die Falte des Einschnitts nicht vollständig <um den Körper>, sondern befindet sich am Bauch oder am Rücken und ist beweglich durch hohlziegelartig <angeordnete> Gelenke; nirgendwo sonst <offenbart sich> in höherem Grade die Kunstfertigkeit der Natur. *(2)* Bei großen oder doch wenigstens größeren Lebewesen war die Bildung bei dem geschmeidigen Material leicht: bei diesen so kleinen und fast in Nichts verschwindenden Tierchen welche Zweckmäßigkeit, welche Macht, welche unergründliche Vollendung! Wo brachte <die Natur> bei der Mücke so viele Sinnesorgane an? Und da gibt es noch viel kleinere Tiere zu nennen. Wo brachte sie bei der Mücke das Sehvermögen an? Wo hat sie den Geschmackssinn angefügt? Wo den Geruchssinn eingepflanzt? Wo aber jene rauhe und verhältnismäßig sehr starke Stimme eingehaucht? *(3)* Mit welcher Feinheit hat sie die Flügel angeheftet, die Beine langgestreckt, die leere Höhlung als Bauch eingerichtet und den gierigen Durst nach Blut, besonders nach menschlichem, entzündet! Mit welcher Geschicklichkeit hat sie

erst den Stachel zum Durchbohren der Haut zugespitzt und ihn, wie wenn er geräumig wäre, obgleich man ihn wegen seiner Feinheit nicht sehen kann, mit doppelter Kunst geschaffen, indem er zum Stechen spitz und zugleich zum Saugen <hohl> ist. Welche Zähne gab die dem Holzwurm, damit er – wie das Geräusch hörbar beweist – Eichenholz durchbohren kann, und machte zudem Holz zu seiner Hauptspeise! *(4)* Wir bewundern aber die turmtragenden Schultern der Elefanten, die Nacken der Stiere und ihre trotzigen Attacken, die Raubgier der Tiger und die Mähnen der Löwen, während die Natur doch nirgends vollkommener ist als in den kleinsten Tieren. Deshalb bitte ich die Leser, weil sie vieles <von den Insekten> verachten, daß sie nicht auch ihre Beschreibung mit Abneigung verdammen, da bei der Betrachtung der Natur nichts als überflüssig angesehen werden kann.
Übersetzung: König / Hopp

Die Perfektion der Insekten liegt im Detail: Sie sind winzig, verfügen aber über einen ausgeklügelten Bauplan und ungeheure Kräfte. Und doch haben viele Menschen keine Achtung vor ihnen. Viele haben nur ein Auge für imposante Tiere wie den Elefanten, den Stier oder Raubtiere. Heute weiß man, dass die Insekten die letzten sein werden, die auf diesem Planeten leben, wenn alle anderen Spezies längst untergegangen sein werden. Daran hat Plinius sicher nicht gedacht. Ihn interessierte das Detail – je winziger, desto spannender; und er war um wissenschaftliche Objektivität bemüht – ganz nach dem Grundsatz, den man nicht zuletzt aus den Schriften des Schweden Carl von Linné kennt: *natura nil agit frustra* („Die Natur macht nichts umsonst.“).

Plinius ponderiert aber auch hier. Für einen Autor wie ihn, für den neben der Utilitarität seiner Naturkunde auch ihre Literarizität einen hohen Stellenwert hat, haben die Bienen, die in der antiken – griechischen wie lateinischen – Literatur generell etwas Besonderes sind, unbestreitbar eine Sonderstellung (XI, 11):

Sed inter omnia ea principatus apibus et iure praecipua admiratio, solis ex eo genere hominum causa genitis. Mella contrahunt sucumque dulcissimum atque subtilissimum ac saluberrimum, favos confingunt et ceras mille ad usus vitae, laborem tolerant, opera conficiunt, rem publicam habent, consilia privatim quaeque, at duces gregatim, et, quod maxime mirum sit, mores habent praeter cetera, cum sint neque mansueti generis neque feri.

Übersetzung

Aber unter ihnen allen gebührt der erste Rang den Bienen und mit Recht auch eine außerordentliche Bewunderung, da sie allein von der Tierart <der Insekten> um der Menschen willen geschaffen sind. Sie sammeln den Honig, den süßesten, feinsten und heilsamsten Saft, bilden Waben und Wachs zu tausendfacher Verwendung im Leben, sind arbeitsam, vollenden ihre Werke, haben einen Staat, halten Beratungen in ihren Angelegenheiten, stehen aber scharenweise unter Anführern und, was am meisten Bewunderung verdient, sie haben sogar Sitten, da sie weder von zahmer noch von wilder Art sind.
Übersetzung: König / Hopp

Hier schließen sich zwei Kreise: zum einen der zu den Hasenartigen, die wie die Delphine, Schwalben und Bienen eine Mittelstellung zwischen domestiziert und wild einnehmen. (Letztlich zitiert sich Plinius hier selbst.) Zum anderen aber spannt sich von hier der Bogen zurück bis zur Anthropologie (Buch 7), an deren berühmtem Beginn der Mensch als Krone der Schöpfung und als Mängelwesen zugleich geschildert ist – ein wehr- und schutzloses kleines Etwas, das trotz allem zum Maßstab alles anderen wird (VII, 1-5):

> [...] Principium iure tribuetur homini, cuius causa videtur cuncta alia genuisse natura magna, saeva mercede contra tanta sua munera, non ut sit satis aestimare, parens melior homini an tristior noverca fuerit. *(2)* Ante omnia unum animantium cunctorum alienis velat opibus; ceteris varie tegimenta tribuit testas, cortices, coria, spinas, villos, saetas, pilos, plumam, pinnas, squamas, vellera; truncos etiam arboresque cortice, interdum gemino, a frigoribus et calore tutata est: hominem tantum nudum et in nuda humo natali die abicit ad vagitus statim et ploratum, nullumque tot animalium aliud ad lacrimas, et has protinus vitae principio; at Hercule, risus praecox ille et celerrimus ante XL. diem nulli datur. *(3)* Ab hoc lucis rudimento, quae ne feras quidem inter nos genitas, vincula excipiunt et omnium membrorum nexus, itaque feliciter natus iacet manibus pedibusque devinctis, flens animal ceteris imperaturum, et a suppliciis vitam auspicatur unam tantum ob culpam, qua natum est. Heu dementia ab his initiis existimantium ad superbiam se genitos! *(4)* Prima roboris spes primumque temporis munus quadripedi similem facit. Quando homini incessus? Quando vox? Quando firmum cibis os? Quam diu palpitans vertex, summae inter cuncta animalia imbecillitatis indicium? Iam morbi totque medicinae contra mala excogitatae, et hae quoque subinde novitatibus victae. Et cetera sentire naturam suam, alia pernicitatem usurpare, alia praepetes volatus, alia nare, hominem nihil scire sine doctrina, non fari, non ingredi, non vesci, breviterque non aliud naturae sponte quam flere! Itaque multi exstitere, qui non nasci optimum censerent aut quam ocissime aboleri. *(5)* Uni animantium luctus est datus, uni luxuria et quidem innumerabilibus modis ac per singula membra, uni ambitio, uni avaritia, uni inmensa vivendi cupido, uni superstitio, uni sepulturae cura atque etiam post se de futuro. Nulli vita fragilior, nulli rerum omnium libido maior, nulli pavor confusior, nulli rabies acrior. Denique cetera animantia in suo genere probe degunt; congregari videmus et stare contra dissimilia: leonum feritas inter se non dimicat, serpentium morsus non petit serpentes, ne maris quidem beluae ac pisces nisi in diversa genera saeviunt. At Hercule, homini plurima ex homine sunt mala.

noverca, -ae f.: Stiefmutter – **corium**, -i n.: (feste) Lederhaut – **squama**, -ae f.: Schuppe – **vagitus**, -us m.: Wimmern, Winseln – **praecox**, -ocis: vorzeitig – **rudimentum**, -i n.: erster Anfang – **palpitare** 1: zucken, zappeln, zittern – **pernicitas**, -atis f.: Behendigkeit, Schnelligkeit – **praepes**, -petis: schnell, geschwind

Übersetzung

Der Vorrang wird mit Recht dem Menschen zugewiesen werden, da um seinetwillen die große Natur alles andere erschaffen zu haben scheint, wenngleich sie gegen ihre so großen Gaben einen grausamen Preis setzte, so daß man nicht klar entscheiden kann, ob sie dem Menschen mehr eine gütige Mutter oder eine herbe Stiefmutter gewesen ist. *(2)* Vor allem kleidete sie ihn allein von allen Lebewesen in fremde Erzeugnisse; alle anderen versah sie in mannigfacher Weise mit Bedeckungen, mit Schalen, Rinden, Lederhäuten, Stacheln, zottigen Haaren, Borsten, Haarfäden, Flaum, Federn, Schuppen und Wolle; Stämme und Bäume hat sie sogar mit einer Rinde, manchmal sogar mit einer doppelten, gegen Frost und Hitze geschützt: nur den Menschen setzt sie am Tage seiner Geburt nackt und auf der bloßen Erde sogleich dem Wimmern und Weinen aus,

und kein anderes von so vielen Lebewesen den Tränen, und zwar bereits beim Eintritt in das Leben; das Lächeln aber, fürwahr, jenes voreilige und ganz flüchtige, ist keinem vor dem vierzigsten Tage vergönnt. *(3)* Von diesem ersten Eintritt ins Licht an erwarten uns Bande und Fesseln an allen Gliedern, wie sie nicht einmal die Tiere, die unter uns geboren sind, umschnüren, und so liegt das glücklich geborene Kind da mit gebundenen Händen und Füßen, weinend, als Geschöpf, das später die übrigen beherrschen soll, und mit Pein beginnt es sein Leben, nur wegen der einzigen Schuld, geboren zu sein. Ach welch Wahnwitz derjenigen, die nach einem solchen Anfang glauben, zum Hochmut geboren zu sein! *(4)* Die erste Ahnung von Kraft, das erste Geschenk der Zeit, macht den Menschen einem vierfüßigen Tiere ähnlich. Wann beginnt er wie ein Mensch zu gehen? Wann zu sprechen? Wann ist sein Mund fest genug, Speisen zu genießen? Wie lange zuckt sein Scheitel, ein Zeichen der höchsten Anfälligkeit unter allen Geschöpfen? Dann die Krankheiten und die zahlreichen dagegen erdachten Heilmittel, und auch diese werden zuweilen neuen Übeln gegenüber unwirksam. Und dann die Tatsache, daß die übrigen Lebewesen ihre natürliche Veranlagung fühlen, daß die einen von selbst von ihrer Behendigkeit Gebrauch machen, die anderen vom schnellen Fluge, wieder andere vom Schwimmen, daß aber der Mensch nichts ohne Unterweisung versteht, weder zu sprechen noch zu gehen, noch zu essen, kurz, daß er von Natur aus nichts anderes kann als weinen! Es hat daher viele gegeben, die es als das Beste erachteten, nicht geboren zu werden oder so schnell wie möglich wieder zu sterben. *(5)* Dem Menschen allein von allen Lebewesen ist Trauer gegeben, ihm allein Ausschweifung, und zwar auf zahllose Weise und für jedes einzelne Glied, ihm allein Ehrsucht, ihm allein Habsucht, ihm allein ungeheure Lebensgier, ihm allein Aberglaube, ihm allein Sorge um das Begräbnis und sogar um die Zukunft nach dem Tode. Kein Geschöpf hat ein leichter zerbrechliches Leben, keines größere Begierde nach allen Dingen, keines ratlosere Angst, keines leidenschaftlichere Wut. Schließlich: die übrigen Tiere leben innerhalb ihrer Artgenossen redlich; wir sehen, wie sie sich zusammenscharen und fest gegen fremde Arten stehen: der Löwen Wildheit kämpft nicht gegen ihresgleichen, der Schlangen Biß richtet sich nicht auf Schlangen, und selbst des Meeres Ungeheuer und die Fische wüten nur gegen fremde Gattungen. Dem Menschen jedoch, beim Herkules, erwachsen die meisten Übel vom Menschen.
Übersetzung: König / Winkler

Oder wie man heute sagen würde: *homo homini lupus.*

Literatur in Auswahl

Antike Fabeln. Griechische Anfänge, Äsop, Fabeln in römischer Literatur, Phaedrus, Babrios, Romulus, Avian, Ignatios Diakonos. Aus dem Griech. und Lat. übersetzt von Johannes IRMSCHER, Berlin ³1991.

Fabeln der Antike, griech.-lat.-dt., herausgegeben und übersetzt von Harry C. SCHNUR. Überarbeitet von Erich KELLER, Düsseldorf / Zürich ³1997.

Phaedrus. Fabeln, lateinisch-deutsch, herausgegeben und übersetzt von Eberhard OBERG, Zürich / Düsseldorf 1996.

DITHMAR, Reinhard, Die Fabel. Geschichte, Struktur, Didaktik, Paderborn / Wien [8]1997 (Uni-Taschenbücher 73).

KÜPPERS, Jochen, Die Fabeln Avians, Bonn 1977.

SCHREINER, Sonja, Gellert, Hagedorn, Lessing und Lichtwer in lateinischem Gewand: Benedict Christian Avenarius: *Fabulae aliquot* (Braunschweig 1771). In: Vestigia Latinitatis in Media Europa (a cura di Andrea CSILLAGHY), Udine 2008, 199-231.

C. Plinius Secundus d.Ä. Naturkunde, lat.-dt., Buch VII: Anthropologie, herausgegeben und übersetzt von Roderich KÖNIG in Zusammenarbeit mit Gerhard WINKLER, München 1975; Buch VIII: Zoologie. Landtiere, hg. u. übers. von R. K. in Zusammenarbeit mit G. W., München 1976; Buch IX: Zoologie. Wassertiere, hg. u. übers. von R. K. in Zusammenarbeit mit G. W., München 1979; Buch X: Zoologie. Vögel. Weitere Einzelheiten aus dem Tierreich, hg. u. übers. von R. K. in Zusammenarbeit mit G. W., München / Zürich 1986; Buch XI: Zoologie. Insekten. Vergleichende Anatomie, hg. u. übers. von Roderich KÖNIG in Zusammenarbeit mit Joachim HOPP, München / Zürich 1990.

The Elder Pliny on the human animal. Natural history book 7, transl. with an introd. and commentary by Mary BEAGON, Oxford [u.a.] 2005 (Clarendon ancient history series).

BEAGON, Mary, Roman nature. The thought of Pliny the Elder, Oxford 1992 (Oxford classical monographs).

RÖMER, Franz, Die plinianische „Anthropologie“ und der Aufbau der *Naturalis historia*, Wiener Studien 96 (1983), 104-108.

RÖMER, Franz, *Cui bono?* – Eine von Linné inspirierte Dissertation über den Nutzen der Naturwissenschaften und parallele Reflexionen eines österreichischen Physikers. In: Acta Conventus Neo-Latini Upsaliensis. Proceedings of the Fourteenth International Congress of Neo-Latin Studies (Uppsala 2009), general editor: Astrid STEINER-WEBER; editors: Alejandro COROLEU, Domenico DE FILIPPIS, Roger GREEN, Fidel RÄDLE, Valery REES, Dirk SACRÉ, Marjorie WOODS and Christine WULF, Leiden / Boston 2012, 903-913.

Der Delphin – kein gewöhnlicher Zeitgenosse

von Franz Römer

Der Delphin ist der interessanteste aller Fische – obwohl er streng genommen kein Fisch ist, sondern ein Säugetier, das im Wasser lebt. Früher wurde er gelegentlich auch Schweinsfisch genannt, doch davon wollen wir – bei allem Respekt vor den Schweinen – Abstand nehmen, und sei es nur, weil ihr Trott doch nicht so recht mit der Schnelligkeit und Eleganz mithalten kann, mit der sich ein Delphin im Wasser bewegt. Schon eher könnte man die beiden Tierarten wegen ihrer Intelligenz vergleichen, die in George Orwell's *Animal Farm* zu einer Diktatur der Schweine über die anderen Tiere führt, bei den Delphinen aber evident, in Shows zu bewundern[75] und in wissenschaftlichen Studien nachgewiesen ist.[76] Sie arbeiten mit Ultraschall und sind, vor allem im akustischen Bereich, äußerst lernfähig. Freilich gibt es auch Studien, die erkennen wollen, dass es mit der Intelligenz der Delphine nicht ganz so weit her ist, weil sie z.B. mit drei- oder viereckigen Gegenständen[77] mehr Probleme

---

[75] Delphinarien und Delphinshows gelten nach modernen wissenschaftlichen Erkenntnissen allerdings nicht als tiergerecht (http://www.tierschutzbund.de/delfinarien.html; 21.07.2014), sodass mittlerweile sogar das Touristikunternehmen TUI Ausflüge zu Delphinarien aus dem Programm genommen hat (http://www.stern.de/reise/service/tierschuetzer-erfreut-aktion-tui-verzichtet-auf-delfinarien-ausfluege-2087770.html; 21.07.2014). Das Ultraschallsystem der sensiblen Meeressäuger erweist sich in den oft viel zu kleinen Becken als nachteilig, da der von den Beckenwänden reflektierte Schall die Tiere verstört. Dazu kommt die für Delphine unerträglich laute Geräuschkulisse, die durch den Applaus des Publikums entsteht. Durch moderne Technik verursachte Geräusche haben immer wieder drastische, oft sogar letale Folgen für Delphine, die den Peilsignalen folgen und dabei leicht stranden können (http://orf.at/stories/2216988/2216982/; http://science.orf.at/stories/1725576/; 21.07.2014). – Ähnlich verheerende Konsequenzen haben künstliche Lichtquellen für Meeresschildkröten, die sie v.a. zur Zeit der Eiablage in ihrer Orientierung beeinträchtigen.

[76] Vgl. z.B. die Studie zum Werkzeuggebrauch der Delphine und zur dadurch bedingten Veränderung ihres Genpools: http://science.orf.at/stories/1735260/ (21.07.2014) mit Verweis auf: Anna KOOPS / Corinne Y. ACKERMANN / William B. SHERWIN / Simon J. ALLEN / Lars BEJDER / Michael KRÜTZEN, Cultural transmission of tool use combined with habitat specialisations leads to fine-scale genetic structure in bottlenose dolphins, Proceedings of the Royal Society – Series B: Biological Sciences vol. 281 no. 1782 (19.03.2014 – DOI: 10.1098/rspb.2013.3245); vgl. für eine erste Orientierung das Abstract: http://rspb.royalsocietypublishing.org/content/281/1782/20133245.

[77] Vgl. hiezu die rezenten Studien mit Hunden (aller Rassen, vorzugsweise Border Collies und Australian Sheperds) im *Clever Dog Lab* des unter der Leitung von Univ.Prof. Dr. Ludwig Huber stehenden Messerli Forschungsinstituts an der Veterinärmedizinischen Universität Wien (http://www.vetmeduni.ac.at/de/messerli/forschung/forschung-kognition/clever-dog-lab/; 21.07.2014). Im Fokus der Interessen des Messerli Forschungsinstituts stehen darüber hinaus u.a. Schweine, Keas und Tauben.

haben als etwa Tauben oder Ratten[78] – aber so ist das nun eben einmal mit wissenschaftlichen Studien: Nichts ist endgültig.

Genau genommen gibt es auch nicht „den Delphin“, sondern etwa vierzig Arten von verschiedener Farbe und Größe, von etwa eineinhalb bis zu acht Metern Länge, doch sind sie alle wieder nur eine Familie der Zahnwale.[79] Am bekanntesten ist wohl der Große Tümmler, der als *Flipper* Filmkarriere gemacht hat.[80] Delphine ernähren sich von Fischen und / oder Kalmaren, nur der größte, der Orca oder Schwertwal, hat gelegentlich kannibalische Gelüste und frisst (neben Robben) auch kleinere Artgenossen. Im Übrigen sind die Delphine aber sehr soziale Tiere, sie leben und jagen gerne in (mehr oder weniger locker gefügten) Gruppen und haben einzigartige Methoden der Verständigung untereinander. Schließlich sind sie auch dem Menschen zugänglicher und lassen sich leichter von ihm beeinflussen als die meisten anderen frei lebenden Tiere. Dies hat zu berührenden „Freundschaften“ zwischen Mensch und Tier geführt, aber auch zu bedauerlichen Fällen von Missbrauch – wie zu Versuchen der US-Marine, Delphine für das Orten und Installieren von Seeminen zu dressieren.

Schon vor mehr als dreitausend Jahren dürfte der Mensch eine besondere Beziehung zum Delphin gehabt haben, wie die bis heute erhaltenen Fresken mit Delphindarstellungen auf der Insel Kreta erkennen lassen. In der Antike galt er als besonders intelligent und menschenfreundlich, so dass sich bald phantasievolle Vorstellungen und Erzählungen um ihn rankten. Er erweist sich als Retter in Seenot, zeigt eine Vorliebe für Musik und schließt Freundschaft mit Knaben, deren Tod er oft nicht überleben will. Weit verbreitet ist die Geschichte von Arion, die sich schon im 5. Jh. v. Chr. und später in Ovids *Fasti* (II, 79-118) findet: Von habgierigen Matrosen auf hoher See mit dem Tod bedroht, lockte Arion mit seinem Gesang Delphine an, sprang ins Meer und wurde von den Tieren sicher an Land gebracht. – Besonderer Beliebtheit erfreute sich der Delphin bei den Griechen, was durch deren enge Verbindung mit dem Meer verständlich wird und in der Literatur ebenso wie in der bildenden Kunst vielfachen Ausdruck fand. Schließlich erweckte er auch das Interesse der Römer, die ihr Wissen an das europäische Mittelalter weitergaben und noch die kreative Phantasie der Frühen Neuzeit beflügeln konnten.

Unter den römischen Autoren, die von Delphinen zu berichten wissen, nehmen die beiden Plinii einen besonderen Platz ein. Der ältere befasst sich im 9. Buch seiner *Naturalis historia*[81] im Anschluss an die Wale ausführlich mit den Delphinen:

---

[78] http://www.ruhr-uni-bochum.de/rubin/rbin1_98/rubin2.htm (21.07.2014).

[79] Erst Anfang 2014 berichteten die Medien von der „sensationellen Entdeckung“ einer neuen Art der Süßwasserdelphine im Rio Araguaia, einem östlichen Nebenfluss des Amazonas in Brasilien. (Der neue Delphin trägt daher den klingenden Namen *Inia araguaiensis*.)

[80] Um der Wahrheit die Ehre zu geben: Es waren mehrere Tümmlerinnen, die die Fernsehserie zum Erfolg machten. – Im Gegenzug handelte es sich bei den *Lassie*-Darsteller(Inne)n um Rüden, weil den Produzenten deren Fellkleid (v.a. die für männliche Collies typische Halskrause) leinwandtauglicher erschien als die etwas zierlichere Statur von Hündinnen.

[81] Vgl. das Kapitel „Plinius der Ältere über Tiere in der *Naturalis Historia*“.

(20) Velocissimum omnium animalium, non solum marinorum, est delphinus, ocior volucre, acrior telo, ac nisi multum infra rostrum os illi foret medio paene in ventre, nullus piscium celeritatem eius evaderet. Sed adfert moram providentia naturae, quia nisi resupini atque conversi non corripiunt, quae causa praecipue velocitatem eorum ostendit. Nam cum fame conciti fugientem in vada ima persecuti piscem diutius spiritum continuere, ut arcu missi ad respirandum emicant tantaque vi exsiliunt, ut plerumque vela navium transvolent.

velox, -ocis: schnell, flink – **marinus** 3: zum Meer gehörig, Meeres- – **ocior**, -us *(Komparativ)*: schneller, geschwinder – **acer**, **acris**, **acre**: spitz, scharf; geschwind – **telum**, -i n.: Wurfgeschoß; Pfeil – **foret** = *esset* – **venter**, ventris m.: Bauch – **celeritas**, -atis f.: Schnelligkeit, Geschwindigkeit – **evadere** 3: entkommen – **adferre**: herbeibringen, verursachen – **mora**, -ae f.: Aufschub; Hemmnis, Schranke – **providentia**, -ae f.: Voraussicht; Vorsorge, Vorsehung, Vorsicht – **resupinus** 3: auf dem Rücken liegend – **conversus** 3: (auf die Seite) gedreht / gewendet – **corripere** 5: packen, fassen, erbeuten, schnappen – **praecipue**: besonders, vor allem – **velocitas**, -atis f.: Schnelligkeit; Behendigkeit – **fames**, -is f.: Hunger – **concitus** 3: angetrieben – **vadum**, -i n.: Wasser, Meer – **imus** 3: sehr tief – **persequi** 3: verfolgen – **spiritus**, -us m.: Atem – **continuere** = *continuerunt* – **arcus**, -us m.: Bogen – **respirare** 1: Atem holen – **emicare** 1: herausschnellen – **exsilire** 4: herausspringen – **velum**, -i n.: Segel – **transvolare** 1: überfliegen

Übersetzung

(20) Das schnellste unter allen Lebewesen, nicht nur unter den Seetieren, ist der Delphin. Er ist schneller als ein Vogel, geschwinder als ein Pfeil, und wenn er nicht sein Maul weit unter der Schnauze, fast in der Mitte des Bauches hätte,[82] würde seiner Schnelligkeit kein Fisch entgehen. Die Fürsorge der Natur setzt aber hier eine Schranke, denn sie können nur auf dem Rücken liegend und seitlich umgewendet etwas fangen, und hier zeigt sich vor allem ihre Behendigkeit. Wenn sie nämlich vom Hunger getrieben einen fliehenden Fisch bis auf den tiefsten Grund verfolgt und allzulange den Atem angehalten haben, schnellen sie, wie von einem Bogen abgeschossen, empor, um zu atmen, und springen mit solcher Wucht aus dem Wasser, dass sie meist über die Segel der Schiffe hinwegfliegen.
Übersetzung: nach König / Winkler

[82] Dieser erstaunliche Irrtum scheint in der Antike weit verbreitet gewesen zu sein.

In §§ 21-23 folgen weitere Beobachtungen über das Leben der Delphine, die als Säugetiere ihre Jungen ähnlich den Walen nähren, behüten und lange mit ihnen zusammen bleiben. Delphine sind erst mit zehn Jahren voll herangewachsen und werden etwa 30 Jahre alt. Im Sommer, so Plinius, bleiben sie etwa einen Monat lang verschwunden; sie werfen sich gerne an Land und können dort länger überleben, jedoch nur dann, wenn ihre Luftröhre nicht verstopft ist. Sie haben eine Zunge, die der der Schweine gleicht, eine dem Menschen ähnliche Stimme und eine stumpfe Nase. Das lateinische Wort dafür ist *simo*, und mit diesem „Namen" lassen sie sich auch herbeirufen. – §§ 24-28 betreffen die Nähe des Delphins zum Menschen:

(24) Delphinus non homini tantum amicum animal, verum et musicae arti, mulcetur symphoniae cantu et praecipue hydrauli sono. Hominem non expavescit ut alienum, obviam navigiis venit, adludit exsultans, certat etiam et quamvis plena praeterit vela.
(25) Divo Augusto principe Lucrinum lacum invectus pauperis cuiusdam puerum ex Baiano Puteolos in ludum litterarium itantem, cum meridiano immorans appellatum eum Simonis nomine saepius fragmentis panis, quem ob iter ferebat, adlexisset, miro amore dilexit. Pigeret referre, ni res Maecenatis et Fabiani et Flavi Alfii multorumque esset litteris mandata. Quocumque diei tempore, inclamatus a puero, quamvis occultus atque abditus, ex imo advolabat pastusque e manu praebebat ascensuro dorsum, pinnae aculeos velut vagina condens, receptumque Puteolos per magnum aequor in ludum ferebat simili modo revehens pluribus annis, donec morbo exstincto puero subinde ad consuetum locum ventitans tristis et maerenti similis ipse quoque, quod nemo dubitaret, desiderio exspiravit.

mulcere 2: streicheln; (sich) erfreuen – **symphonia**, -ae f.: „Zusammenklang", Harmonie, Musik – **hydraulus**, -i m.: Wasserorgel – **expavescere** 3: sich fürchten (+ Akk.: vor) – **obviam**: entgegen – **adludere** 3: anspielen, umspielen – **exsultare** 1: hochspringen (ütr.: sich freuen) – **quamvis** *(Adv.)*: noch so – **invehi** 3: hineinfahren, -schwimmen – **ludus**, -i m.: Spiel; Schule – **meridiano** (erg.: tempore) – **immorari** 1: drinnen / dort bleiben, sich aufhalten – **adlicere** 5: anlocken – **piget** 2: es verdrießt – **inclamare** 1: laut rufen; an-, herbeirufen – **advolare** 1: herbeifliegen, -eilen – **pastus**, -us m.: Futter – **pinna**, -ae f.: Spitze; Flosse – **aculeus**, -i m.: Stachel – **vagina**, -ae f.: Scheide – **revehere** 3: zurückführen, -bringen – **exstinguere** 3: auslöschen, töten – **subinde**: gleich darauf, immer wieder – **ventitare** 1: oft kommen – **desiderium**, -i n.: Sehnsucht – **exspirare** 1: aushauchen, sterben

Übersetzung

(24) Der Delphin ist nicht nur ein menschenfreundliches Wesen, er liebt auch die Musik, erfreut sich am harmonischen Gesang und vor allem am Ton der Wasserorgel. Er fürchtet den Menschen nicht als ein fremdes Wesen, kommt auf die Schiffe zu, umspielt sie springend, schwimmt auch mit ihnen um die Wette und überholt sie sogar bei vollen Segeln.
(25) Während der Regierung des göttlichen Augustus war ein in den Lukrinersee gelangter Delphin dem Knaben eines armen Mannes, der aus dem Gebiet von Baiae nach Puteoli in die Schule ging,[83] mit besonderer Anhänglichkeit zugetan. Dieser hatte

[83] Am Golf von Puteoli (Pozzuoli) nördlich von Neapel liegt der ihn der Antike sehr beliebte Badeort Baiae und in dessen Nähe der Lukrinersee, eine durch den Vulkanismus dieser Gegend entstandene Lagune, die nur durch einen Damm vom Meer getrennt wird.

ihn, wenn er mittags dort blieb, mit dem Namen Simo gerufen und öfters mit Stückchen Brot, das er als Wegzehrung mit sich trug, herbeigelockt. Ich würde dies nur ungern berichten, wenn es nicht in den Schriften des Maecenas, Fabianus, Alfius Flavus[84] und vieler anderer mitgeteilt wäre. Zu jeder Tageszeit eilte er, vom Knaben angerufen, so verborgen und weit entfernt er auch sein mochte, aus der Tiefe herbei, fraß aus seiner Hand und ließ ihn auf seinem Rücken aufsitzen, indem er die Stacheln seiner Flossen wie in einer Scheide verbarg. Wenn er ihn aufgenommen hatte, trug er ihn mitten durch die hohe See nach Puteoli in die Schule und brachte ihn auf gleiche Weise mehrere Jahre lang wieder zurück, bis der Knabe an einer Krankheit starb. Da kam er immer noch an den gewohnten Ort, schien betrübt und traurig zu sein und ging dann selbst, wie wohl niemand bezweifelte, an Sehnsucht zugrunde.
Übersetzung: nach König / Winkler

Plinius erzählt dann noch eine Reihe weiterer, ähnlicher Geschichten, zuletzt (§ 27) eine besonders rührende: Weil der auf seinem Rücken reitende Knabe durch einen plötzlichen Sturm ums Leben gekommen war, trug ein Delphin so schwer an seiner vermeintlichen Schuld, dass er daran zugrunde ging. – Plinius fasst zusammen:

84 C. Cilnius Maecenas (ca. 70-8 v. Chr.), der berühmte Förderer („Mäzen“) augusteischer Dichter, war selbst literarisch tätig, doch ist von dem hier zitierten Werk ebenso wenig erhalten wie von den beiden anderen, nur vage als Rhetoren bekannten Autoren.

(28) Hoc idem et Naupacti accidisse Theophrastus tradit. Nec modus exemplorum: Eadem Amphilochi et Tarentini de pueris delphinisque narrant. Quae faciunt, ut credatur, Arionem quoque citharoedicae artis, interficere nautis in mari parantibus ad intercipiendos eius quaestus, eblanditum uti prius caneret cithara, congregatis cantu delphinis cum se iecisset in mare, exceptum ab uno Taenarum in litus pervectum.

accidere 3: vorfallen, sich ereignen, geschehen – **modus**, -i m.: Maß, Mäßigung – **citharoedicus** 3: zum Kitharasänger gehörig, des K.s – **intercipere** 5: auffangen, wegnehmen, rauben – **quaestus**, -us m.: Gewinn – **eblandiri** 4: erschmeicheln, durch Schmeicheln erreichen – **excipere** 5: auffangen, aufnehmen – **pervehere** 3: hinbringen

Übersetzung

(28) Theophrast[85] berichtet, dasselbe sei auch in Naupaktos vorgefallen. Solche Beispiele gibt es noch viele: Das gleiche erzählen die Bewohner von Amphilochia und Tarent von Knaben und Delphinen.[86] Dies tun sie, um glaubhaft zu machen, dass der Kitharöde Arion, als ihn Matrosen, um ihn seines Gewinnes zu berauben, auf hoher See töten wollten, mit Schmeicheln erreichte, vorher noch einmal auf der Kithara spielen zu dürfen; durch seinen Gesang seien Delphine in Scharen herbeigekommen, und als er sich ins Meer gestürzt hatte, habe ihn einer davon aufgenommen und sicher an die Küste von Tainaron gebracht.[87]

Übersetzung: nach König / Winkler

Im letzten Teil seiner Ausführungen über die Delphine (§§ 29-33) berichtet Plinius, dass diese an mehreren Orten sogar mit Menschen beim Fischfang zusammenarbeiten, zum Beispiel indem sie Schwärme von Meeräschen in die aufgespannten Netze treiben. Sie erwarten dafür aber auch einen angemessenen Lohn, den sie in Form von weingetränkten Brotstücken erhalten. Zuletzt hebt Plinius noch einmal den Gemeinschaftssinn der Delphine hervor, die sich sogar um ihre Toten kümmern.

Der Ältere Plinius widmete seine *Naturalis historia* im Jahr 77 n. Chr. dem damaligen „Kronprinzen" Titus. Kurz nach dessen Regierungsantritt kam es im August 79 n. Chr. zu dem verheerenden Vesuvausbruch, dem nicht nur Pompeii und Herculaneum zum Opfer fielen, sondern auch Plinius selbst, weil er sich bei einer Erkundungs- und Rettungsaktion zu nahe an die Gefahr herangewagt hatte. Von diesem Ereignis wissen wir durch einen ausführlichen Brief[88] seines (testamentarisch

---

[85] Theophrast (371-287 v. Chr.) war der wichtigste Schüler des Aristoteles und dessen Nachfolger als Schulleiter. Zu seinen zahlreichen Werken gehören Arbeiten aus dem Bereich der Zoologie und Botanik.

[86] Naupaktos ist eine strategisch wichtige Stadt am Golf von Korinth, Amphilochia eine Landschaft an der Westküste Griechenlands, Tarent eine westgriechische Gründung an der Südküste Italiens.

[87] (Kap) Tainaron ist die südlichste Landspitze der Peloponnes bzw. Griechenlands.

[88] Es ist dies epist. VI, 16 aus der Sammlung von neun Büchern stilisierter Privatbriefe, zu denen als 10. Buch Plinius' Korrespondenz mit Kaiser Trajan kommt. Plinius, der seinen Onkel nicht begleitet hatte, sondern in Misenum zurückgeblieben war, schildert seine eigenen Erlebnisse während des Vesuvausbruchs in epist. VI, 20. Der Adressat der beiden

adoptierten) Neffen C. Plinius Caecilius Secundus (61/62 – ca. 112 n. Chr.), des „Jüngeren Plinius". – Ein anderer, etwa 107/8 n. Chr. entstandener Brief aus dessen Sammlung ist unserem Thema gewidmet.

C. Plinius Caninio suo s.

(1) Incidi in materiam veram, sed simillimam fictae dignamque isto laetissimo, altissimo planeque poetico ingenio; incidi autem, dum super cenam varia miracula hinc inde referuntur. Magna auctori fides; tametsi quid poetae cum fide? Is tamen auctor, cui bene vel historiam scripturus credidisses.

(2) Est in Africa Hipponensis colonia mari proxima. Adiacet navigabile stagnum; ex hoc in modum fluminis aestuarium emergit, quod vice alterna, prout aestus aut repressit aut impulit, nunc infertur mari, nunc redditur stagno. *(3)* Omnis hic aetas piscandi, navigandi atque etiam natandi studio tenetur, maxime pueri, quos otium lususque sollicitat. His gloria et virtus altissime provehi; victor ille, qui longissime ut litus ita simul natantes reliquit. *(4)* Hoc certamine puer quidam audentior ceteris in ulteriora tendebat. Delphinus occurrit, et nunc praecedere puerum, nunc sequi, nunc circumire, postremo subire, deponere, iterum subire trepidantemque perferre primum in altum, mox flectit ad litus redditque terrae et aequalibus.

(5) Serpit per coloniam fama; concurrere omnes, ipsum puerum tamquam miraculum adspicere, interrogare, audire, narrare. Postero die obsident litus, prospectant mare et, si quid est mari simile. Natant pueri, inter hos ille, sed cautius. Delphinus rursus ad tempus, rursus ad puerum. Fugit ille cum ceteris. Delphinus, quasi invitet et revocet, exsilit, mergitur, variosque orbes implicat expeditque.

(6) Hoc altero die, hoc tertio, hoc pluribus, donec homines innutritos mari subiret timendi pudor. Accedunt et alludunt et appellant, tangunt etiam pertrectantque praebentem. Crescit audacia experimento. Maxime puer, qui primus expertus est, adnatat nanti, insilit tergo, fertur referturque, agnosci se, amari putat, amat ipse; neuter timet, neuter timetur; huius fiducia, mansuetudo illius augetur. *(7)* Nec non alii pueri dextra laevaque simul eunt hortantes monentesque. Ibat una (id quoque mirum) delphinus alius, tantum spectator et comes. Nihil enim simile aut faciebat aut patiebatur, sed alterum illum ducebat, reducebat, ut puerum ceteri pueri. *(8)* Incredibile, tam verum tamen quam priora, delphinum gestatorem collusoremque puerorum in terram quoque extrahi solitum harenisque siccatum, ubi incaluisset, in mare revolvi.

(9) Constat Octavium Avitum, legatum proconsulis, in litus educto religione prava superfudisse unguentum, cuius illum novitatem odoremque in altum refugisse, nec nisi post multos dies visum languidum et maestum, mox redditis viribus priorem lasciviam et solita ministeria repetisse. *(10)* Confluebant omnes ad spectaculum magistratus, quorum adventu et mora modica res publica novis sumptibus atterebatur. Postremo locus ipse quietem suam secretumque perdebat; placuit occulte interfici, ad quod coibatur.

(11) Haec tu qua miseratione, qua copia deflebis, ornabis, attolles! Quamquam non est opus adfingas aliquid aut adstruas; sufficit, ne ea, quae sunt vera, minuantur. Vale.

---

ca. 106 n. Chr. verfassten „Vesuvbriefe" ist der Historiker Tacitus, der Plinius um einen Augenzeugenbericht für seine im Entstehen begriffene Zeitgeschichte gebeten hatte.

incidere 3: hineinfallen; stoßen auf – **isto**: hier: dein – **super**: hier: während – **adiacere** 2: bei / neben etw. liegen; angrenzen – **navigabilis**, -e: schiffbar – **stagnum**, -i n.: See, Teich; Lagune – **aestuarium**, -i n.: Mündung, Kanal – **emergere** 3: auftauchen, herauskommen – **vice alterna**: abwechselnd – **aestus**, -us m.: Wogen, Strömung, Gezeiten (Flut und Ebbe) – **aetas**, -atis f.: Alter, Altersklasse – **natare** 1: schwimmen – **provehi** 3: sich wegbewegen, hinausschwimmen – **occurrere** 3: entgegeneilen, begegnen – **praecedere** 3: vorangehen; voranschwimmen – **circumire**: umkreisen – **subire**: unter etw. gehen, unterlaufen; auf den Rücken nehmen – **deponere** 3: ablegen, absetzen – **trepidare** 1: zittern – **perferre**: hinbringen, hintragen – **altum**, -i n.: hohe See – **flectere** 3: biegen, beugen, krümmen; sich wenden – **aequalis**, -is m.: Gleichaltriger, Altersgenosse – **serpere** 3: kriechen; sich verbreiten – **fama**, -ae f.: Gerücht, Geschichte – **concurrere** 3: zusammenlaufen – **adspicere** 5: ansehen, betrachten; bestaunen – **obsidere** 2: belagern – **prospectare** 1: beobachten – **ad tempus**: zeitgerecht, pünktlich – **expedire** 4: freimachen (*im Zusammenhang*: er zieht verschiedene engere und weitere Kreise) – **innutrire** 4: ernähren bei / an; *pass.* aufwachsen bei / an – **accedere** 3: herankommen, sich nähern – **adludere** 3: spielen bei / mit – **praebere** 2: bieten; sich gefallen lassen – **crescere** 3: wachsen, zunehmen – **audacia**, -ae f.: Wagemut – **experiri** 4: versuchen, erproben – **adnatare** 1: heranschwimmen – **insilire** 4: hinaufspringen – **agnoscere** 3: erkennen – **fiducia**, -ae f.: Zutrauen – **mansuetudo**, -inis f.: Zahmheit – **una** (Adv.): gemeinsam, zusammen mit – **spectator**, -oris m.: Zuschauer – **gestator**, -oris m.: Träger, Tragtier, Reittier – **collusor**, -oris m.: Mitspieler, Spielgefährte – **incalescere** 3: warm werden, sich erwärmen – **religio**, -onis f.: Religion; Aberglaube – **superfundere** 3: (dar)übergießen – **unguentum**, -i n.: Salbe, Salböl – **repetere** 3: wiederholen, wieder aufnehmen – **mora**, -ae f.: Verzögerung, Aufenthalt – **atterere** 3: abreiben, abnützen; belasten – **attollere** 3: emporheben, steigern – **adfingere** 3: hinzuerfinden, -dichten

Übersetzung

C. Plinius grüßt seinen Caninius[89]

(1) Ich bin auf eine wahre Geschichte gestoßen, die freilich wie eine erfundene aussieht und Deines glücklichen, erhabenen und ausgesprochen dichterischen Talents würdig ist. Ich bin auf sie gestoßen, als während eines Essens allerhand Wundergeschichten von hier und da erzählt wurden. Der Erzähler verdient vollen Glauben, doch was kümmert einen Dichter die Glaubwürdigkeit? Trotzdem ist der Erzähler ein Mann, dem Du, selbst wenn Du Geschichte schreiben wolltest, Glauben geschenkt hättest.[90]

(2) In Afrika gibt es eine Kolonie Hippo, ganz nahe am Meere gelegen.[91] Daneben befindet sich eine schiffbare Lagune; aus ihr führt ein Kanal wie eine Art Fluss ins Meer, der abwechselnd, je nachdem die Gezeiten ihn zurückdrängen oder beschleunigen, bald sich ins Meer ergießt, bald zur Lagune zurückströmt. *(3)* Menschen jeden Alters vergnügen sich hier mit Fischen, Bootfahren und auch Schwimmen, besonders die Jugend, die Freizeit und Sport dazu reizen. Ihr gilt es als Glanzleistung, so weit wie möglich hinauszuschwimmen; Sieger ist, wer das Ufer und zugleich seine Mitschwimmer am weitesten hinter sich lässt. *(4)* Bei diesem Wettkampf wagte sich ein

---

89 Caninius Rufus war ein reicher Grundbesitzer aus Plinius' Heimatstadt Comum, der offensichtlich großes Interesse an Literatur hatte und selbst schriftstellerisch tätig war. Plinius gibt in einem anderen Brief (VIII, 4) seiner Freude darüber Ausdruck, dass Caninius ein Epos über die Dakerkriege Trajans plant.

90 Mit dem Erzähler meint Plinius wahrscheinlich seinen Onkel, der in der *Naturalis historia* dieselbe Geschichte erzählt (unten S. 130). Von einem Geschichtswerk erwartete man den höchstmöglichen Wahrheitsgehalt, während ein Dichter seiner Phantasie freien Lauf lassen durfte.

91 Es handelt sich um die Stadt Hippo Diarrhytos (heute Bizerta), die von Hippo Regius (nahe dem heutigen Annaba / Bone), dem Bischofssitz des Heiligen Augustinus, zu unterscheiden ist.

Knabe, der mutiger als die übrigen war, besonders weit hinaus. Da begegnet ihm ein Delphin, einmal schwimmt er vor dem Knaben her, einmal folgt er ihm, umkreist ihn, nimmt ihn schließlich auf den Rücken, setzt ihn ab, nimmt ihn wieder auf, trägt den Verängstigten auf die hohe See hinaus, kehrt dann zur Küste um und bringt ihn wieder an Land und zu seinen Kameraden.

(5) Die Geschichte verbreitet sich in der Kolonie, alle strömen zusammen, bestaunen den Knaben wie ein Wunder, fragen ihn aus, hören ihn an, erzählen es weiter. Am folgenden Tag belagern sie das Ufer, blicken hinaus aufs Meer und alles, was wie Meer aussieht. Die Knaben schwimmen, unter ihnen der erwähnte, aber vorsichtiger. Wieder ist der Delphin pünktlich zur Stelle, wieder nähert er sich dem Knaben. Der flieht mit den übrigen. Der Delphin springt in die Höhe, als wollte er ihn einladen und zurückrufen, taucht, umkreist ihn verschiedentlich und schwimmt wieder weg.

(6) So ging es am zweiten, am dritten, an weiteren Tagen, bis die am Meer aufgewachsenen Menschen sich wegen ihrer Furcht zu schämen begannen. Sie kommen nahe an ihn heran, spielen mit ihm, rufen ihn, berühren ihn sogar und streicheln ihn, und er lässt es sich gefallen. Mit dem Versuch wächst die Kühnheit.[92] Besonders der Knabe, der es als erster versucht hatte, schwimmt an ihn heran, schwingt sich auf seinen Rücken, lässt sich hin- und hertragen, glaubt, von ihm wiedererkannt und geliebt zu werden und liebt ihn selbst; keiner fürchtet sich, keiner wird gefürchtet. Der Knabe wird immer zutraulicher, der Delphin immer zahmer. *(7)* Auch andere Knaben schwimmen ihnen rechts und links zur Seite und ermuntern die beiden durch Zurufe. Ein zweiter Delphin (auch das ist ein Wunder) schwamm mit ihnen, aber nur als Zuschauer und Begleiter, denn er tat und duldete nichts dergleichen, geleitete nur den andern hin und zurück, wie den Knaben die übrigen Knaben. *(8)* Es ist unglaublich, aber doch ebenso wahr wie alles andere: Der Delphin, Reittier und Spielgefährte der Knaben, ließ sich sogar an Land ziehen und wälzte sich, wenn er auf dem Sand trocken geworden war und es ihm zu warm wurde, zurück ins Meer.

(9) Es steht fest, dass Octavius Avitus, ein Legat des Statthalters, den Delphin, als er einmal auf den Strand hinaufgezogen war, in törichtem Aberglauben mit Salböl übergoss,[93] dieser daraufhin vor dem neuartigen Geruch aufs hohe Meer floh und erst nach vielen Tagen wieder zu sehen war, matt und traurig, dann aber, als es wieder zu Kräften gekommen war, seine frühere Verspieltheit und den gewohnten Dienst wieder aufnahm. *(10)* Zu diesem Schauspiel strömten alle Beamten zusammen, aber durch ihr Kommen und ihren Aufenthalt wurde das kleine Gemeinwesen mit neuen Kosten belastet.[94] Schließlich verlor der Ort selbst seine ruhige Abgeschiedenheit; man beschloss, das Ziel des Andrangs heimlich zu beseitigen.

---

92 Diese Beobachtung ist gleichzeitig eine allgemein gültige Sentenz: Derartige Spruchweisheiten und Erfahrungsregeln waren in der antiken Rhetorik, und daher auch in der gehobenen Briefliteratur, sehr beliebt.

93 Da das Salben von Götterbildern und geheiligten Gegenständen im Kult eine Rolle spielte, könnte (der sonst unbekannte) Octavius Avitus angenommen haben, der Delphin habe etwas Göttliches an sich. Plinius verurteilt seine Aktion jedenfalls als Aberglauben.

94 Im römischen Reich mussten reisende Staatsbeamte von den besuchten Gemeinden auf deren Kosten beherbergt, verpflegt und an ihr nächstes Ziel gebracht werden.

(11) Mit welcher Ergriffenheit, mit welcher Ausführlichkeit wirst Du diese Begebenheit beklagen, ausschmücken, steigern![95] Freilich ist es nicht nötig, dass Du etwas hinzudichtest oder hinzufügst; es genügt, wenn die Wahrheit nicht geschmälert wird. Leb' wohl!
Übersetzung: nach Kasten / Philips

Die vom Jüngeren Plinius erzählte Delphingeschichte findet sich auch unter den (oben nur kurz zusammengefassten) Beispielen in der *Naturalis historia* seines Onkels. Möglicherweise hat der Neffe sie von dort übernommen und im Sinne der poetischen Gestaltung, die er von Caninius erhofft, selbst schon beträchtlich ausgeschmückt.

(26) Alius intra hos annos Africo litore Hipponis Diarruti simili modo ex hominum manu vescens praebensque se tractandum et adludens nantibus inpositosque portans unguento perunctus a Flaviano proconsule Africae et sopitus, ut apparuit, odoris novitate fluctuatusque similis exanimi caruit hominum conversatione ut iniuria fugatus per aliquot menses. Mox reversus in eodem miraculo fuit. Iniuriae potestatum in hospitales ad visendum venientium Hipponenses in necem eius conpulerunt.

vesci 3: sich nähren, essen, fressen – **unguentum**, -i n.: Salbe, Salböl – **perung(u)ere** 3: einreiben, salben – **sopire** 4: einschläfern, betäuben – **fluctuari** 1: (im Wasser) treiben – **exanimis**, -e (-**us** 3): entseelt, leblos, tot – **potestas**, -atis f.: Macht, Amtsgewalt, Beamter – **hospitalis**, -e: gastlich, gastfreundlich – **visere** 3: ansehen, besichtigen – **compellere** 3: hintreiben, nötigen, zwingen

Übersetzung

(26) Ein anderer, der in den letzten Jahren an der afrikanischen Küste von Hippo Diarrytus in ähnlicher Weise den Menschen aus der Hand fraß und sich streicheln ließ, umspielte die Schwimmenden und trug diejenigen, die sich auf ihn setzten. Als ihn der Prokonsul von Afrika Flavianus mit einer Salbe bestrich, wurde er, wie es schien, von dem ungewohnten Geruch betäubt wie tot auf dem Wasser umhergetrieben und mied einige Monate lang, wie durch eine Misshandlung vertrieben, den Umgang mit Menschen. Später kam er wieder und wurde erneut bewundert. Die Unverschämtheit von Amtsinhabern, die herbeikamen, um ihn zu sehen, gegenüber den Gastgebern veranlasste die Hipponenser, ihn zu töten.
Übersetzung: nach König / Winkler

[95] Damit bestätigt Plinius dem Adressaten noch einmal sein schon zu Beginn hervorgehobenes dichterisches Talent. (Die Aussage erfolgt in Form einer „Ringkomposition".)

Ein Gegenstück in der Wüste: Androclus und der Löwe

Im 2. Jh. n. Chr. berichtet der Schriftsteller Aulus Gellius, ein fleißiger Sammler von gelehrtem, zum Teil auch anekdotischem Material, in seinen *Noctes Atticae* (V, 14)[96] von einer weiteren, sehr ungewöhnlichen Freundschaft zwischen Mensch und Tier, nämlich zwischen dem Sklaven Androclus und einem mächtigen Löwen. Die Geschichte, für die sich Gellius auf einen griechischen Augenzeugen beruft, beginnt mit einer grausamen Szene im Circus Maximus in Rom: Zum Tod verurteilte Verbrecher, aber auch entlaufene Sklaven wie Androclus sollen vor einem schaulustigen Publikum von wilden Tieren zerrissen werden. Ein besonders mächtiger Löwe nähert sich Androclus in bedrohlicher Weise, doch plötzlich hält er inne, umschmeichelt den Zitternden wie ein Hund seinen Herrn, bis auch dieser seine Angst verliert und den Löwen wie einen alten Freund begrüßt. Das Volk in der Arena ist außer sich vor Staunen, und der Kaiser lässt Androclus rufen, um Näheres zu erfahren. Den folgenden Bericht gibt Gellius, zum größten Teil in direkter Rede, wieder:

> „Cum provinciam Africam proconsulari imperio meus dominus obtineret, ego ibi iniquis eius et cotidianis verberibus ad fugam sum coactus et, ut mihi a domino, terrae illius praeside, tutiores latebrae forent, in camporum et arenarum solitudines concessi ac, si defuisset cibus, consilium fuit mortem aliquo pacto quaerere. Tum sole medio rabido et flagranti specum quandam nanctus remotam latebrosamque in eam me penetro et recondo. Neque multo post ad eandem specum venit leo debili uno et cruento pede gemitus edens et murmura dolorem cruciatumque vulneris commiserantia. Atque primo quidem conspectu advenientis leonis territus mihi et pavefactus animus est. Sed postquam introgressus leo, uti re ipsa apparuit, in habitaculum illud suum, videt me procul delitescentem, mitis et mansues accessit et sublatum pedem ostendere mihi et porrigere quasi opis petendae gratia visus est. Ibi ego stirpem ingentem vestigio pedis eius haerentem revelli conceptamque saniem volnere intimo expressi accuratiusque sine magna iam formidine siccavi penitus atque detersi cruorem. Illa tunc mea opera et medella levatus pede in manibus meis posito recubuit et quievit, atque ex eo die triennium totum ego et leo in eadem specu eodemque et victu viximus. Nam, quas venabatur feras, membra opimiora ad specum mihi subgerebat, quae ego ignis copiam non habens meridiano sole torrens edebam. Sed ubi me vitae illius ferinae iam pertaesum est, leone in venatum profecto reliqui specum et viam ferme tridui permensus a militibus visus adprehensusque sum et ad dominum ex Africa Romam deductus. Is me statim rei capitalis damnandum dandumque ad bestias curavit. Intellego autem hunc quoque leonem me tunc separato captum gratiam mihi nunc beneficii et medicinae referre."

verber, -eris n.: Schlag, Hieb; *Pl.* Prügel – **latebra**, -ae f.: Schlupfwinkel, Versteck – **forent** = *essent* – **(h)arena**, -ae f.: Sandwüste – **concedere** 3: (ent)weichen, sich begeben – **pactum**, -i n.: Art, Weise –

[96] Der Titel „Attische Nächte" kommt von der Rahmenhandlung: Während eines längeren Aufenthalts in Athen will Gellius an „nächtelangen" Gesprächen gelehrter Männer teilgenommen haben, über die er nun berichtet.

medius 3: zu Mittag – **nancisci** 3: erreichen, (vor)finden – **specus**, -us (m., selten n.; hier:) f.: Höhle – **penetrare** 1: eindringen, hineingehen – **debilis**, -e: schwach, gebrechlich, hinfällig – **pavefactus** 3: erschrocken, verängstigt – **delitescere** 3: sich verstecken – **mansues**, -etis (= *mansuetus* 3): mild, zahm – **porrigere** 3: ausstrecken, hinhalten – **stirps**, stirpis f.: Wurzel, Holzstück – **vestigium**, -i n.: Fußspur, Sohle – **sanies**, -ei f.: Eiter – **detergere** 2: abwischen – **medel(l)a**, -ae f.: Heilung, Abhilfe – **recumbere** 3: sich niederlegen – **opimus** 3: fett, reich, köstlich – **subgerere** 3: hinauf-, hinbringen – **copia**, -ae f.: Menge; Möglichkeit – **torrere** 2: trocknen, braten – **pertaedet** 2: überdrüssig werden – **permetiri** 4: ausmessen, durchwandern – **rei capitalis** (= *capitis*) **damnare**: zum Tod verurteilen

Übersetzung

„Als mein Herr die Provinz Afrika mit den Befugnissen eines Prokonsuls verwaltete, da sah ich mich dort durch seine ungerechten, täglichen Schläge zur Flucht gezwungen, und um einen vor meinem Herrn, dem Befehlshaber des Landes, sichereren Schlupfwinkel zu haben, entwich ich in einsame, weit ausgedehnte Sandwüsten und war fest entschlossen, wenn es mir an Nahrung fehlen sollte, auf irgendeine Art den Tod zu suchen. Dann erreichte ich, als die Sonne zu Mittag brennend heiß schien, eine entlegene und als Versteck geeignete Höhle, ging hinein und verbarg mich darin. Nicht viel später kommt ein Löwe zu derselben Höhle, an einem Fuß verletzt und blutend, mit Seufzen und Stöhnen, was den Schmerz einer qualvollen Wunde jämmerlich bezeugte. Da bin ich beim ersten Anblick dieses herannahenden Löwen arg erschrocken und habe mich sehr gefürchtet. Aber nachdem der Löwe in diesen, wie mir klar wurde, seinen Aufenthaltsort eingetreten war, sah er mich schon von fern in meinem Versteck, näherte sich mir ganz sanft und zahm und schien mir seinen erhobenen Fuß zu zeigen und hinzuhalten, so als ob er mich um Hilfe bitten wollte. Da zog ich ihm einen großen Holzsplitter, der in seiner Fußsohle steckte, heraus, drückte den innen in der Wunde angesammelten Eiter aus, trocknete sie, nun schon ohne große Angst, recht sorgfältig und wischte das geronnene Blut völlig weg. Wie er nun durch diese meine ärztliche Hilfe Linderung verspürte, ließ er seinen Fuß in meinen Händen liegen, legte sich

nieder und schlief ein. Von diesem Tag an lebte ich mit dem Löwen drei volle Jahre lang in derselben Höhle und von derselben Kost. Denn von allen Tieren, die er auf der Jagd erbeutete, brachte er mir die besseren Stücke zur Höhle, welche ich mir, da ich kein Feuer machen konnte, in der Mittagssonne briet und dann verzehrte. Als ich aber dieses tierischen Lebens endlich überdrüssig wurde, verließ ich, als der Löwe einmal auf die Jagd gegangen war, die Höhle und als ich einen Weg von etwa drei Tagen zurückgelegt hatte, wurde ich von Soldaten erblickt, ergriffen und aus Afrika zu meinem Herrn nach Rom gebracht. Dieser ließ mich sogleich zum Tod verurteilen und zwar so, dass ich den wilden Tieren vorgeworfen werden sollte. Nun wird mir aber klar, dass auch der Löwe nach meiner Trennung von ihm in Gefangenschaft geraten ist und mir auch jetzt noch für meine ärztliche Hilfe Dank erweist."
Übersetzung: nach Weiss

Die Geschichte endet damit, dass Androclus auf Drängen des Publikums nicht nur die Freiheit erhält, sondern auch den Löwen bei sich behalten darf. Noch lange sah man die beiden, von vielen Seiten bestaunt und beschenkt, gemeinsam durch die Straßen Roms ziehen.

Das Delphinbild des Mittelalters: Thomas von Cantimpré, *Liber de natura rerum*

Eines der wichtigsten und am weitesten verbreiteten naturwissenschaftlichen Werke des Mittelalters war der 1241 vollendete *Liber de natura rerum* des Dominikaners Thomas von Cantimpré (1201-71). Von den 20 Büchern des Werkes sind die Bücher 4-9 der Zoologie gewidmet, wobei der Autor denjenigen Tieren höhere Aufmerksamkeit widmet, bei denen er besondere Beziehungen zum Menschen sieht, wie z.B. beim „Staat" der Bienen. Thomas' wichtigste Quellen sind der Ältere Plinius, dessen antiker Epitomator Solinus (*Collectanea rerum memorabilium*) und der im Hochmittelalter wieder (in Übersetzung) bekannt gewordene Aristoteles. Der *Liber de natura rerum* ist seinerseits die Hauptquelle für das erste naturwissenschaftliche Kompendium in deutscher Sprache, das *Buch der Natur* des Konrad von Megenberg (1309-74), das bis in die Frühe Neuzeit zahlreiche Leser fand und noch im 16. Jahrhundert mehrfach gedruckt wurde.

Das 6. Buch *de natura rerum* ist den *Monstra marina*[97] gewidmet, Kapitel 16 (das hier gekürzt wiedergegeben wird) betrifft unser Thema:

De delphinis.
Delphini quoque in mari sunt, ut dicunt Iacobus et Solinus, belue speciei multiformis. Hiis bestiis nil velocius pelagus habet. Ac nisi infra rostrum os illi foret medio pene in

[97] Darunter sind keineswegs nur „Seeungeheuer" zu verstehen (auch wenn es Berichte über Loch Ness seit dem 7. Jh. gibt), es geht vielmehr um „Wunder", d.h. um wunderbare, Staunen erregende Bewohner des Meeres.

ventre, nullus piscium celeritatem illius evaderet. Sed affert moram in providentia nature, quia nisi resupini atque conversi aliquid capere aut retinere non valent. Mensis decimus partum liberat. Mares autem feminis parientibus catulos devorant; sed occultant se matres cum fetibus. Diligunt enim eos tenerrime et longo tempore ducunt post se, et sub aqua sequuntur matrem. At ubi ad robur etatis fetus pervenerint, nisi validi sint, eos etiam matres persequuntur. Fetus delphinorum, ut dicit Aristotiles, cito crescunt semperque crescunt usque ad decem annos.

Mulcentur musica, gaudent cantibus tibiarum et, ubi hec audierint, gregibus adventant. Arrionem cytharedice artis hominem interficere nautis in mari parantibus, obtinuit ab illis, ut prius caneret cythara. Ad cuius cantum delphinorum gregibus congregatis, cum se iecisset in mari, exceptus ab uno eum ad litus pervexit. Solus delphin, ut dicit Aristotiles, felle caret.

Sub Augusto principe puer in Campania fragmentis panis primo delphinum illexit, demum alendum se manui illius credidit; postea cum invaluisset puer audacia, dorso delphini insiliens ab eo vectitatus est. Hoc in primo mirabile fuit videntibus, sed postremo tamdiu inolevit assiduo spectaculo, ut desineret esse miraculum. Post multos vero annos defuncto puero, cum eum ad solitam inequitationem reverti minime videret exspectaretque ad certum locum nec ille veniret, sub oculis publici vulgi delphinus morte interiit. Hoc Mecenatus, Fabianus et Solinus litteris comprehendunt. Apud Yponensem urbem in Affrica iuxta mare delphinus ab Yponiensibus pastus est, tractandumque se prebuit impositosque frequenter gestitavit. Proconsul quoque Affrice Flavianus cum eum delinisset unguentis, odoris novitate sopitus undosis fluctibus velut mortuus iactabatur.

belua, -ae f.: Untier, Ungetüm – **pelagus**, -i n.: Meer – **catulus**, -i m.: Junges – **fetus**, -us m.: Geburt; Junges – **mulcere** 2: streicheln, erfreuen – **tibia**, -ae f.: Flöte – **fel**, fellis n.: Galle – **illicere** 5: an-, herbeilocken – **invalescere** 3: erstarken – **vectitare** 1: (oft) führen, tragen – **inolescere** 3: hineinwachsen, verwachsen mit; zur Gewohnheit werden – **iuxta**: nahe bei, am Rand von – **pascere** 3: weiden, füttern – **gestitare** 1: (oft) tragen – **delinire** (*delenire*) 4: besänftigen, günstig / gnädig stimmen – **undosus** 3: wellenreich, wogend – **iactare** 1: (hin und her) werfen

Übersetzung

Delphine

Auch Delphine gibt es im Meer, wie Jacobus[98] und Solinus sagen, mächtige Tiere von vielfältiger Gestalt. Nichts schnelleres als diese Tiere hat das Meer, und wenn er nicht sein Maul unter der Schnauze, fast in der Mitte des Bauches hätte, würde seiner Schnelligkeit kein Fisch entgehen. Die Fürsorge der Natur setzt aber hier eine Schranke, denn sie können nur auf dem Rücken liegend und seitlich umgewendet etwas fangen oder festhalten. Der zehnte Monat eröffnet die Geburt. Die Männchen aber verschlingen die Jungen, während die Weibchen gebären, aber die Mütter verbergen sich mit ihrem Nachwuchs. Sie lieben sie nämlich sehr zärtlich und führen sie lange Zeit hinter sich her, und unter Wasser folgen sie der Mutter.[99] Aber sobald die Jungen ins kräftige Alter

[98] Jakob von Vitry (ca. 1165-1240) war als hoher kirchlicher Würdenträger (Bischof von Akkon) maßgeblich am Fünften Kreuzzug beteiligt. Seine Beobachtungen schildert er (durchaus zeitkritisch) in der *Historia orientalis*.

[99] Der abrupte Subjektswechsel ist typisch für den Stil des – in erster Linie an der Sache interessierten – Autors und im Folgenden mehrmals zu beobachten.

gekommen sind, machen sogar die Mütter, wenn sie nicht stark genug sind, Jagd auf sie. Die jungen Delphine wachsen, wie Aristoteles sagt, schnell, und sie wachsen beständig bis zu zehn Jahren.
Sie lassen sich von Musik bezaubern, freuen sich über den Klang von Flöten, und wenn sie das hören, kommen sie scharenweise heran. Als Matrosen daran gingen, den Kithara-Künstler Arion auf hoher See zu töten, erreichte er von ihnen, vorher noch einmal auf der Kithara spielen zu dürfen. Auf seinen Gesang hin kamen Scharen von Delphinen zusammen, und als er sich ins Meer gestürzt hatte, nahm ihn einer davon auf und brachte ihn an die Küste.[100] Nur der Delphin hat, wie Aristoteles berichtet, keine Galle.
Unter Kaiser Augustus lockte ein Knabe in Kampanien einen Delphin zunächst mit Brotstücken herbei, doch der ließ sich bald von ihm mit der Hand füttern. Als der Knabe schließlich wagemutiger geworden war, sprang er auf den Rücken des Delphins und ließ sich von ihm dahin tragen. Das war für die Zuseher anfangs etwas Wunderbares, aber zuletzt wurde es durch das fortdauernde Schauspiel so zur Gewohnheit, dass es aufhörte, ein Wunder zu sein. Nach vielen Jahren aber starb der Knabe. Als der Delphin ihn überhaupt nicht mehr zur gewohnten ‚Reitstunde' erscheinen sah, ihn an einer bestimmten Stelle erwartete, jener aber nicht kam, da starb er vor den Augen des versammelten Volkes.[101] Das überliefern Maecenas, Fabianus und Solinus in ihren Schriften. Bei der Stadt Hippo in Afrika wurde ein Delphin am Ufer des Meeres von den Hipponensern gefüttert, ließ sich angreifen und trug häufig Leute auf ihm sitzend umher. Als ihn auch der Prokonsul von Afrika Flavianus mit Salben besänftigt hatte,[102] wurde er, von dem ungewohnten Geruch betäubt, von den wogenden Fluten wie tot hin und her geworfen.
Übersetzung: Römer

Anhang: Was haben Delphine mit Büchern zu tun?

Der berühmte venezianische Buchdrucker Aldus Manutius (1449-1515), der als erster nicht nur lateinische, sondern auch griechische Texte drucken konnte, wählte als seine Druckermarke (Signet) einen Delphin mit einem Anker. Es war dies ein Symbol, das seine Leser aus der Emblematik kannten, einer Literaturgattung, die ein Zeichen bzw. eine Zeichnung mit einem Sinnspruch und Versen verbindet. Da der Delphin ein Symbol für Schnelligkeit, der Anker aber eines für Langsamkeit ist, stehen sie beide zusammen für den Wahlspruch *Festina lente* – „Eile mit Weile", den Erasmus von

---

100 Siehe Fußnote 99; sinngemäß: *ab uno <qui> eum.*

101 Richard O'Barry berichtet glaubhaft vom ‚Selbstmord' des Delphins Kathy – einer der *Flipper*-Darstellerinnen – durch Luftanhalten, nachdem sie zum Abschied in seine Arme geschwommen war (Das Lächeln des Delphins. Ein faszinierender Blick in das Leben der gelehrigen Meeressäugetiere. Aus dem Engl. übers. von Bringfried Schröder, Bergisch Gladbach 1990, 341f.; The Cove [Die Bucht], 2010 mit dem Oscar prämierte Dokumentation über Delphinfang in Japan: http://de.wikipedia.org/wiki/Die_Bucht; 21.07.2014).

102 Hinter dieser etwas rätselhaften Aussage könnte der (bereits in einem antiken Bericht geäußerte) Verdacht stehen, Flavianus habe in dem Delphin etwas Übermenschlich-Göttliches gesehen und daher ein abergläubisches Ritual an ihm vollzogen.

Rotterdam (ca. 1467-1536) in seiner Sprichwörtersammlung *Adagia* geprägt und berühmt gemacht hat.[103] Da auch der Buchdruck Eile (zur Einhaltung von Terminen) und Weile (zum genauen Setzen der Buchstaben) zugleich erforderte, wusste (seit 1502) jeder, der auf dem Titelblatt einer Textausgabe den typischen Delphin mit dem Anker sah, sofort, dass er ein Buch von besonderer Qualität in der Hand hielt.

Auf den Titelblättern von Büchern des 16. und 17. Jahrhunderts begegnet nicht selten der Vermerk *in / ad usum Delphini* – „zum Gebrauch des (eines) Delphins (…?)" Delphine sind ja sehr intelligente Wesen, aber lesen ...? Des Rätsels Lösung liegt in der Titulatur des französischen Kronprinzen, der seit dem 14. Jahrhundert, wenigstens nominell, über die Grafschaft Dauphiné (Delphinatus) herrschte, die nach dem Delphin in ihrem Wappen benannt ist.

Es wurde daher üblich, den Thronfolger als Dauphin zu bezeichnen – ähnlich wie der englische Kronprinz bis heute Prince of Wales heißt. (Der letzte französische König musste 1830 abdanken.) Nun sollte bei der Erziehung des Thronfolgers alles Anstößige und Unsittliche von ihm ferngehalten werden, anderseits sollte er mit möglichst vielen antiken Autoren vertraut sein, was damals (noch) als eine der wesentlichsten Grundlagen höherer Bildung angesehen wurde. Manche dieser Autoren enthalten aber doch auch Anstößiges, wie etwa die erotischen Epigramme Martials.

Also schuf man für den Kronprinzen eigene, natürlich sehr aufwendige, Ausgaben, aus denen solche Dinge entfernt waren: Ausgaben „für den Gebrauch des Dauphins". Später wurde *in / ad usum Delphini* ein beliebtes Schlagwort für jede Art von moralisch „gesäuberten" Textausgaben.

---

103 Walther LUDWIG, Die emblematische ‚Festina lente'-Variation des Achilles Bocchius, Humanistica Lovaniensia 59 (2010), 83-102.

Literatur in Auswahl

C. Plini Secundi Naturalis Historiae libri XXXVII, ed. L. JAHN – C. MAYHOFF, 6 vol., Leipzig 1892-1909; ND Stuttgart 1967-70.

Pline l'Ancien. Histoire Naturelle, livre IX, texte établi, traduit et commenté par E. DE SAINT-DENIS, Paris 1955.

C. Plinius Secundus d.Ä. Naturkunde, lat.-dt., Buch IX: Zoologie. Wassertiere, herausgegeben und übersetzt von Roderich KÖNIG in Zusammenarbeit mit Gerhard WINKLER, München 1979.

Plinius der Ältere. Naturalis historia. Naturgeschichte, lat./dt., ausgew., übersetzt und hg. von Marion GIEBEL, Stuttgart 2005.

C. Plini Caecili Secundi Epistularum libri decem, recognovit brevique adnotatione critica instruxit R. A. B. MYNORS, Oxford 1963.

C. Plini Caecili Secundi Epistularum libri novem. Epistularum ad Traianum liber. Panegyricus, recensuit Mauritius SCHUSTER, editionem tertiam curavit Rudolphus HANSLIK, Stuttgart / Leipzig 1992 (ND).

C. Plini Caecili Secundi Epistularum libri decem. Gaius Plinius Caecilius Secundus. Briefe, lateinisch-deutsch ed. Helmut KASTEN, München 1968; ³1976.

C. Plinius Secundus. Epistulae, Liber IX – Briefe, 9. Buch, lateinisch/deutsch, übersetzt und hg. von Heribert PHILIPS, Stuttgart 1996.

RÖMER, Franz, Plinius der Jüngere. Textauswahl und Kommentar, Wien 1991 (Orbis Latinus 14); 64 + 40 S. Lehrerbegleitband.

A. Gellii Noctes Atticae, recognovit brevique adnotatione critica instruxit P. K. MARSHALL, tom. I: libri I-X, Oxford 1968; ²1990.

Aulus Gellius. Die attischen Nächte. Zum ersten Male vollständig übersetzt und mit Anmerkungen versehen von Fritz WEISS. Erster Band: I.-VIII. Buch, Darmstadt 1981; ND Leipzig 1875.

Thomas Cantimpratensis. Liber de natura rerum. Editio princeps secundum codices manuscriptos, Teil I: Text, Berlin / New York 1973.

BOURGAIN, P., Jakob von Vitry, Lexikon des Mittelalters 5 (1991), 294-295.

DAMMEL, Gesine, Von Delphinen. Geschichten, Gedichte und Bilder, ausgewählt von G. D., Frankfurt am Main / Leipzig 2001.

HÜNEMÖRDER, Christian, Delphin, Lexikon des Mittelalters 3 (1986), 683-684.

HÜNEMÖRDER, Christian, Thomas von Cantimpré, Lexikon des Mittelalters 8 (1997), 711-714.

LUDWIG, Walther, Die emblematische ‚Festina lente'-Variation des Achilles Bocchius, Humanistica Lovaniensia 59 (2010), 83-102.

O'BARRY, Richard, Das Lächeln des Delphins. Ein faszinierender Blick in das Leben der gelehrigen Meeressäugetiere. Aus dem Engl. übers. von Bringfried Schröder, Bergisch Gladbach 1990 (engl. Originalausgabe: *Behind the Dolphin Smile*, New York 1988).

Abbildungsverzeichnis

S. 123: Apeto
(http://de.wikipedia.org/w/index.php?title=Datei:Knossos_Wandbild_Delphine.jpg&filetimestamp=200602 19191510&)

S. 125: Rufus46
(http://upload.wikimedia.org/wikipedia/commons/8/8b/Muenchen_Nymphenburg_Brunnen-2.jpg)

S. 132:
http://upload.wikimedia.org/wikipedia/commons/b/bb/Illustration_at_page_107_in_Europa%27s_Fairy_Bo ok.png

S. 136: http://commons.wikimedia.org/wiki/File:Aldus-symbol.jpg

S. 137:
http://upload.wikimedia.org/wikipedia/commons/thumb/5/5a/Arms_of_the_Dauphin_of_France.svg/2000p x-Arms_of_the_Dauphin_of_France.svg.png

S. 154: Adriaen Pietersz van de Venne (Zeichnung eines Dodo, 1626)
(http://en.wikipedia.org/wiki/File:Van_den_Venne_dodo.jpg)
(http://julianhume.co.uk/wp-content/uploads/2010/07/History-of-the-dodo-Hume.pdf)

Literatur

Die hier genannten Titel zu den Themen Mensch-Tier-Beziehung und *Human-Animal Studies* ergänzen die zu den einzelnen Kapiteln genannten Literaturangaben.

ACH, J. S. / STEPHANY, M. (Hgg.), Die Frage nach dem Tier. Interdisziplinäre Perspektiven auf das Mensch-Tier-Verhältnis, Münster 2010.

ARLUKE, A. / SANDERS, C., Between the Species. A Reader in Human-Animal Relations, Boston 2008.

ARMSTRONG, S. / BOTZLER, R. G. (Hgg.), The Animal Ethics Reader. Second Edition, London / New York 2003.

BALLUCH, M., Die Kontinuität von Bewusstsein. Das naturwissenschaftliche Argument für Tierrechte, Wien / Mülheim an der Ruhr 2005.

BARANZKE, H., Würde der Kreatur? Die Idee der Würde im Horizont der Bioethik, Würzburg 2002.

BAUMANN, P. / KAISER, D., Die Sprache der Tiere, Stuttgart 1992.

BEKOFF, M., Das unnötige Leiden der Tiere, Freiburg im Breisgau 2001.

BEKOFF, M., The Emotional Lives of Animals: A Leading Scientist Explores Animal Joy, Sorrow, and Empathy – and Why They Matter, Novato / California 2007.

BEKOFF, M., The Animal Manifesto: Six Reasons For Expanding Our Compassion Footprint, Novato / California 2010.

BEKOFF, M. / MEANEY, C. (Hgg.), Encyclopedia of Animal Rights and Animal Welfare, Westpoint / Connecticut 1998.

BEKOFF, M. / NYSTROM, J. (Hgg.), Encyclopedia of Human-Animal Relationships. A Global Exploration of Our Connections with Animals, 4 Bde., Westport / Connecticut 2007.

BIRKE, L. / HOCKENHULL, J. (Hgg.), Crossing Boundaries: Investigating Human-Animal Relationships, Leiden [u.a.] 2012 (Human-Animal Studies).

BRANDT, R., Können Tiere denken? Ein Beitrag zur Tierphilosophie, Frankfurt am Main 2009.

BRANTZ, D. / MAUCH, Ch., Tierische Geschichte. Die Beziehung von Mensch und Tier in der Kultur der Moderne, Paderborn [u.a.] 2009.

CAVALIERI, P. / SINGER, P. (Hgg.), Menschenrechte für die großen Menschenaffen. Das Great Ape Projekt, München 1996.

CAVALIERI, P., Die Frage nach den Tieren. Für eine erweiterte Theorie der Menschenrechte, Erlangen 2002 (Tierrechte – Menschenpflichten 8; ital. Originalausgabe: *La questione animale. Per una teoria allargata dei diritti umani*, Torino 1999).

CERNY, J. Ph., Tierethik im deutschen Sprachraum im beginnenden 21. Jahrhundert. Das pathozentrische Argument, Saarbrücken 2009.

CHENEY, D. / SEYFARTH, R., Wie Affen die Welt sehen. Das Denken einer anderen Art, München 1994.

CHIMAIRA – ARBEITSKREIS FÜR HUMAN-ANIMAL STUDIES (Hg.), Human-Animal Studies. Über die gesellschaftliche Natur von Mensch-Tier-Verhältnissen, Bielefeld 2011.

CHIMAIRA – ARBEITSKREIS FÜR HUMAN-ANIMAL STUDIES (Hg.), Tiere, Bilder, Ökonomien – Aktuelle Forschungsfragen der Human-Animal Studies, Bielefeld 2013.

COHEN, C. / REGAN, T. (Hgg.), The Animal Rights Debate, Lanham / Maryland 2001.

DEMELLO, M., Teaching the Animal. Human-Animal Studies across the Disciplines, New York 2010.

DEMELLO, M., Animals and Society. An Introduction to Human-Animal Studies, New York 2012.

DERRIDA, J., Das Tier, das ich also bin, Wien 2010 (franz. Originalausgabe: *L'animal que donc je suis*, Paris 2006).

DOMBROWSKI, D., Babies and Beasts. The Argument from Marginal Cases, Chicago 1997.

ENGEL, M. / JENNI, K., The Philosophy of Animal Rights. A Brief Introduction for Students and Teachers, New York 2010.

FLYNN, C. P. (Hg.), Social Creatures. A Human and Animal Studies Reader, New York 2008.

FRANKLIN, A., Animals and Modern Cultures. A Sociology of Human-Animal Relations in Modernity, London 1999.

FRANKLIN, J. H., Animal Rights and Moral Philosophy, New York 2005.

FREEMAN, C. / LEANE, E. / WATT, Y., Considering Animals. Contemporary Studies in Human-Animal Relations, Farnham 2011.

GOETSCHEL, A. F., Tiere klagen an, Frankfurt am Main 2012.

GOODE, D., Playing with My Dog Katie. An Ethnomethodological Study of Dog-Human Interaction *[with CD-ROM]*, West Lafayette / Indiana 2007 (New Directions in the Human-Animal Bond).

GROSS, A. S. / VALLELY, A. (Hgg.), Animals and the Human Imagination. A Companion to Animal Studies, New York 2012.

HAGENCORD, R., Diesseits von Eden: Verhaltensbiologische und theologische Argumente für eine neue Sicht der Tiere, Regensburg 2009.

HAGENCORD, R., Wenn sich Tiere in der Theologie tummeln. Ansätze einer theologischen Zoologie, Regensburg 2010.

HARAWAY, D., The Companion Species Manifesto. Dogs, People, and Significant Others, Clearwater / Florida 2003.

HARAWAY, D., When Species Meet, Minneapolis 2008.

HARRINGER, S., Manche Tiere sind gleicher. Konzepte von Tierschonung, Tierbefreiung, Tierrecht und Tierverteidigung und ihr politischer Anspruch, Wien [u.a.] 2002.

HOERSTER, N., Haben Tiere eine Würde? Grundfragen der Tierethik, München 2004.

HÜPPAUF, B., Vom Frosch. Eine Tiergeschichte zwischen Tierphilosophie und Ökologie, Bielefeld 2001.

INGENSIEP, H. W. / BARANZKE, H., Das Tier, Stuttgart 2008.

INTERDISZIPLINÄRE ARBEITSGEMEINSCHAFT TIERETHIK (Hg.), Tierrechte – Eine interdisziplinäre Herausforderung, Erlangen 2009.

JANICH, P., Der Mensch und andere Tiere. Das zweideutige Erbe Darwins, Frankfurt am Main 2010.

JANOWSKI, B. / RIEDE, P. (Hgg.), Die Zukunft der Tiere. Theologische, ethische und naturwissenschaftliche Perspektiven, Stuttgart 1999.

JULIUS, H. / BEETZ, A. / KOTRSCHAL, K. / TURNER, D. C. / UVNÄS-MOBERG, K., Attachment to Pets. An Integrative View of Human-Animal Relationships with Implications for Therapeutic Practice, Cambridge 2012.

KALOF, L. / FITZGERALD, A., The Animals Reader. The Essential Classic and Contemporary Writings, Oxford 2007.

KAPLAN, H., Tiere haben Rechte, Erlangen 1998.

KAPLAN, H., Ich esse meine Freunde nicht oder Warum unser Umgang mit Tieren falsch ist, Berlin 2009.

KAPLAN, H., Leichenschmaus, Norderstedt ^{4}2011.

KAPLAN, H., Tierrechte: Modetrend oder Moralfortschritt? Norderstedt 2012.

KNIGHT, J., Animals in Person. Cultural Perspectives on Human-Animal Intimacy, Oxford 2005.

KUNZMANN, P., Die Würde des Tieres – zwischen Leerformel und Prinzip, Freiburg im Breisgau 2007.

LINNEMANN, M. (Hg.), Brüder – Bestien – Automaten. Das Tier im abendländischen Denken, Erlangen 2000.

LINZEY, A. / YAMAMOTO, D., Animals on the Agenda. Questions about Animals for Theology and Ethics, Urbana / Chicago 1998.

MACHO, T., Arme Schweine. Eine Kulturgeschichte, Berlin 2006.

MANGELSDORF, M., Wolfsprojektionen: Wer säugt wen? Von der Ankunft der Wölfe in der Technoscience, Bielefeld 2007.

MCCARDLE, P. / MCCUNE, S. / GRIFFIN, J. A. (Hgg.), Animals in Our Lives. Human-Animal Interaction in Family, Community, and Therapeutic Settings, Baltimore 2010.

MCCARDLE, P. / MCCUNE, S. / GRIFFIN, J. A. (Hgg.), How Animals Affect Us. Examining the Influences of Human-Animal Interaction on Child Development and Human Health, Baltimore 2010.

MIDGLEY, M., Animals and Why They Matter, Athens 1984.

MÖHRING, M. / PERINELLI, M. / STIEGLITZ, O., Tiere im Film. Eine Menschheitsgeschichte der Moderne, Köln / Weimar / Wien 2009.

MÜNCH, P. / WALZ, R. (Hgg.), Tiere und Menschen. Geschichte und Aktualität eines prekären Verhältnisses, Paderborn 1998.

MÜTHERICH, B., Die Problematik der Mensch-Tier-Beziehung in der Soziologie. Weber, Marx und die Frankfurter Schule, Münster 2004.

MURATORI, C. / DOHM, B. (Hgg.), Ethical Perspectives on Animals in the Renaissance and Early Modern Period, Firenze 2013 (Micrologus' Library).

NOSKE, B., Die Entfremdung der Lebewesen. Die Ausbeutung im tierindustriellen Komplex und die gesellschaftliche Konstruktion von Speziesgrenzen, Wien / Mülheim an der Ruhr 2008.

NUSSBAUM, M., The Frontiers of Justice. Disability, Nationality, Species Membership, Cambridge / Massachusetts 2007.

OLIVER, K., Animal Lessons. How They Teach Us to Be Human, New York 2009.

OLMERT, M., Made for Each Other. The Biology of the Human-Animal Bond, New York 2010 (ND).

OTTERSTEDT, C. / ROSENBERGER, M. (Hgg.), Gefährten – Konkurrenten – Verwandte. Die Mensch-Tier-Beziehung im wissenschaftlichen Denken, Göttingen 2009.

PEDERSEN, H., Animals in Schools. Processes and Strategies in Human-Animal Education, West Lafayette / Indiana 2009 (New Directions in the Human-Animal Bond).

PERLER, D. / WILD, M. (Hgg.), Der Geist der Tiere. Philosophische Texte zu einer aktuellen Diskussion, Frankfurt am Main 2005.

PLUHAR, E., Beyond Prejudice. The Moral Significance of Human and Nonhuman Animals, Durham / North Carolina 1995.

POLLACK, U., Die städtische Mensch-Tier-Beziehung. Ambivalenzen, Chancen und Risiken, Diss. TU Berlin 2009.

REGAN, T., The Case for Animal Rights, London [u.a.] 1984.

REGAN, T., Defending Animal Rights, Urbana 2001.

RITTER, E., The Dog by the Cradle, the Serpent Beneath. Some Paradoxes of Human-Animal Relationships, Toronto 2009.

ROLLIN, B. E., Animal Rights and Human Morality, Buffalo 1981.

ROLLIN, B. E., The Unheeded Cry. Animal Consciousness, Animal Pain and Science, Oxford 1989.

ROSCHER, M., Where is the animal in this text. Chancen und Grenzen einer Tiergeschichtsschreibung. In: CHIMAIRA – ARBEITSKREIS FÜR HUMAN-ANIMAL STUDIES (Hg.), Human-Animal Studies. Über die gesellschaftliche Natur von Mensch-Tier-Verhältnissen, Bielefeld 2011, 121-150.

ROWLANDS, M., Animal Rights. A Philosophical Defense, London 1998.

ROWLANDS, M., Animals Like Us, London 2002.

RUSSELL, J. / COHN, R., Human-Animal Studies, London 2012.

RUSSELL N., Social Zooarchaeology: Humans and Animals in Prehistory, Cambridge 2011.

RYDER, R., Animal Revolution. Changing Attitudes to Speciesism, Oxford 1989.

SAPONTZIS, S. F., Moral, Reason, and Animals, Philadelphia 1987.

SAVAGE-RUMBAUGH, S. / LEWIN, R., Kanzi. Der sprechende Schimpanse. Was den tierischen vom menschlichen Verstand unterscheidet, München 1995 (amerikanische Originalausg.: *Kanzi. The Ape at the Brink of the Human Mind*, New York 1994); Rez.: http://pubpages.unh.edu/~jel/SGMonKanzi.html (21.07.2014).

SCHÖNBERGER, A., Die einzigartige Intelligenz der Hunde, München [u.a.] 2006.

SCHWEITZER, A., Ehrfurcht vor den Tieren (hg. von E. GRÄSSER), München 2006.

SERPELL, J., In the Company of Animals. A Study of Human-Animal Relationships, Oxford 1986, New York 2008 (Canto original series).

SINGER, P., Praktische Ethik, Stuttgart 1984; [2]1994; 3. rev. und erw. Aufl. 2013 (engl. Originalausg.: *Practical Ethics*, Cambridge 1979; [2]1993; [3]2011).

SINGER, P. (Hg.), Verteidigt die Tiere. Überlegungen für eine neue Menschlichkeit, Wien 1986 (engl. Originalausg.: *In Defense of Animals*, New York 1985).

SINGER, P., Animal Liberation. Die Befreiung der Tiere, Reinbek 1996 (engl. Originalausg.: *Animal Liberation*, New York 1975).

SMITH, J. / MITCHELL, R. W. (Hgg.), Experiencing Animal Minds. An Anthology of Animal-Human Encounters, New York 2012.

SPANNRING, R., Macht, Unterschiede und Bildung in Tier-Mensch Beziehungen. In: SPANNRING, R. / ARENS, S. / MECHERIL, P. (Hgg.), bildung – macht – unterschiede. 3. Innsbrucker Bildungstage, Innsbruck 2011, 213-233.

SPIEGEL, M., The Dreaded Comparison. Race and Animal Slavery, New York 1989.

STEINBRECHER, A., ‚In der Geschichte ist viel zu wenig von Tieren die Rede' (Elias Canetti) – Die Geschichtswissenschaft und ihre Auseinandersetzung mit den Tieren. In: OTTERSTEDT, C. / ROSENBERGER, M. (Hgg.), Gefährten – Konkurrenten – Verwandte. Die Mensch-Tier-Beziehung im wissenschaftlichen Diskurs, Göttingen 2009, 264-286.

TEUTSCH, G., Mensch und Tier. Lexikon der Tierschutzethik, Göttingen 1987.

TWINE, R., Animals as Biotechnology. Ethics, Sustainability and Critical Animal Studies, London 2010 (Science in Society).

ULLRICH, J. / WELTZIEN, F. / FUHLBRÜGGE, H. (Hgg.), Ich, das Tier. Tiere als Persönlichkeiten in der Kulturgeschichte, Berlin 2008.

WAAL, F. DE, Der Affe und der Sushimeister. Das kulturelle Leben der Tiere, München 2005 (engl. Originalausg.: *The Ape and the Sushi Master. Cultural Reflections by a Primatologist*, New York 2001).

WAAL, F. DE, Der Affe in uns. Warum wir sind, wie wir sind, München / Wien 2006 (engl. Originalausg.: *Our Inner Ape*, New York 2005).

WELTZIEN, F. / ULLRICH, J. (Hgg.), Tierperspektiven, Ausstellungskatalog des Georg-Kolbe-Museum, Berlin 2009.

WIEDENMANN, R. E., Die Tiere der Gesellschaft. Studien zur Soziologie und Semantik von Mensch-Tier-Beziehungen, Konstanz 2002.

WIEDENMANN, R. E., Tiere, Moral und Gesellschaft. Grundzüge einer soziologischen Theorie der Mensch-Tier-Beziehungen, Opladen 2003.

WILD, M., Tierphilosophie zur Einführung, Hamburg 2008.

WISCHERMANN, C., Von Katzen und Menschen. Sozialgeschichte auf leisen Sohlen. Konstanz 2007 (vgl. http://www.pnas.org/content/early/2013/12/12/1311439110).

WITT-STAHL, S. (Hg.), Das steinerne Herz der Unendlichkeit erweichen. Beiträge zu einer kritischen Theorie für die Befreiung der Tiere, Aschaffenburg 2007.

WOLF, J.-C., Tierethik. Neue Perspektiven für Menschen und Tiere, Erlangen [2]2005.

WOLF, U., Das Tier in der Moral, Frankfurt am Main [2]2004.

WOLF, U. (Hg.), Texte zur Tierethik, Stuttgart 2008.

WOLF, U., Ethik der Mensch-Tier-Beziehung. Frankfurt am Main 2013.

Journals (z.T. online verfügbar)

Animal Studies Journal: http://ro.uow.edu.au/asj/.
Antennae. The Journal of Nature in Visual Culture: www.antennae.org.uk.
Anthropozoologica: http://www.bioone.org/loi/anth.
Anthrozoös. Journal of the International Society for Anthrozoology: www.bergpublishers.com/BergJournals/Anthrozo%C3%B6s/tabid/519/Default.aspx.
Asinus Novus: http://asinusnovus.wordpress.com/.
Australian Animal Studies Journal: http://www.aasg.org.au/animal-studies-journal.
Between the Species: http://cla.calpoly.edu/bts/.
Environmental Humanities Journal: http://www.environmentalhumanities.org.
Etica & Animali (1988-1998).
Humanimalia: A Journal of Human/Animal Interface Studies: www.depauw.edu/humanimalia/call.html.
Journal for Critical Animal Studies (JCAS): http://www.criticalanimalstudies.org/students-for-cas/journal-for-critical-animal-studies.
Journal of Animal Law & Ethics.
Journal of Applied Animal Welfare Science: http://www.animalsandsociety.org/pages/journal-of-applied-animal-welfare-science.
Journal University of Wollongong: http://ro.uow.edu.au/asj/.
Society & Animals: http://www.societyandanimalsforum.org/sa/index.html.
Tierethik. Zeitschrift zur Mensch-Tier-Beziehung: http://www.tierethik.net.
Tierstudien: http://www.neofelis-verlag.de/animal-studies/tierstudien/.

Bibliographien

http://www.animalstudies.msu.edu/bibliography.php.
http://www.animalsandsociety.org/assets/library/1377206150.pdf.
http://human-animal-studies.de/has-publikationen/uberblick-der-publikationen-im-deutschsprachigen-raum/.

Antike

BODSON, L., Motivations for pet-keeping in Ancient Greece and Rome. A preliminary survey. In: PODBERSCEK, A. L. [u.a.] (Hgg.), Companion Animals and Us. Exploring the Relationships between People and Pets, Cambridge / New York 2000, 27-48.

BOEHRER, B., Parrot culture. Our 2500-year-long Fascination with the World's Most Talkative Bird, Philadelphia 2004.

CASSIN, B. / LABARRIERE, J.-L. / ROMEYER DHERBEY, G. (Hgg.), L'animal dans l'Antiquité. Rencontre internationale, 18-22 octobre 1994, Paris, Sorbonne et Muséum National d'Histoire Naturelle, Paris 1997.

CASTIGNONE, S. / LANATA, G. (Hgg.), Filosofi e animali nel mondo antico. Convegno internazionale „Filosofi e animali nel mondo antico", Genova 25-26 marzo 1992, Pisa 1994.

CHEVALLIER, R. (Hg.), Homme et animal dans l'antiquité romaine. Actes du colloques de Nantes 1991, Tours 1995 (Caesarodunum no. hors série).

MACL. CURRIE, H., Asceticism and the Younger Seneca, Euphrosyne 25 (1997), 273-280.

DIERAUER, U., Tier und Mensch im Denken der Antike. Studien zur Tierpsychologie, Anthropologie und Ethik, Amsterdam 1977 (Studien zur antiken Philosophie 6).

DIERAUER, U., Vegetarismus und Tierschonung in der griechisch-römischen Antike (mit einem Ausblick aufs Alte Testament und frühe Christentum). In: LINNEMANN, M. / SCHORCHT, C. (Hgg.), Vegetarismus. Zur Geschichte und Zukunft einer Lebensweise, Erlangen 2001 (Tierrechte – Menschenpflichten 4), 9-72.

DITADI, G., Plutarco. L'intelligenza degli animali e la giustizia loro dovuta, Este 2000.

DOMBROWSKI, D., The Philosophy of Vegetarianism, Amherst 1984.

DOMBROWSKI, D., Was Plato a vegetarian?, Apeiron 18 (1984), 1-9.

DOMBROWSKI, D., Porphyry and Vegetarianism. A Contemporary Philosophical Approach, ANRW. Aufstieg und Niedergang der Römischen Welt II 36.2 (1987), 774-791. (Ein Auszug daraus ist: DOMBROWSKI, D., Vegetarianism and the Argument from Marginal Cases in Porphyry, Journal of the History of Ideas 45 [1984], 141-143.)

FÖGEN, T., Antike Zeugnisse zu Kommunikationsformen von Tieren, Antike & Abendland 53 (2007), 39-75.

GASTI, F. / ROMANO, E. (Hgg.), Buoni per pensare. Gli animali nel pensiero e nella letteratura dell' antichità. Atti della II giornata ghisleriana di filologia classica (Pavia, 18-19 aprile 2002), Pavia / Como 2003 (Studia Ghisleriana).

GIEBEL, M., Tiere in der Antike. Von Fabelwesen, Opfertieren und treuen Begleitern, Stuttgart 2003; Lizenzausg. WBG Darmstadt 2003.

GILHUS, I. S., Animals, gods and humans. Changing attitudes to animals in Greek, Roman and early Christian ideas, London [u.a.] 2006.

GOGUEY, D., Les animaux dans la mentalité romaine, Bruxelles 2003 (Collection Latomus 271).

GONTIER, T., L'homme et l'animal. La philosophie antique, Paris 1999.

HAUSSLEITER, J., Der Vegetarismus in der Antike, Berlin 1935.

HERRLINGER, G., Totenklage um Tiere in der antiken Dichtung. Mit einem Anhang byzantinischer, mittellateinischer und neuhochdeutscher Tierepikedien, Stuttgart [u.a.] 1930 (Tübinger Beiträge zur Altertumswissenschaft 8).

KALOF, L., A cultural history of animals in antiquity, Oxford [u.a.] 2007 (A cultural history of animals 1).

KELLER, O., Tiere des klassischen Altertums in kulturgeschichtlicher Beziehung, Hildesheim [u.a.] 2001 (ND der Ausg. Innsbruck 1887).

LORENZ, G., Tiere im Leben der alten Kulturen. Schriftlose Kulturen, Alter Orient, Ägypten, Griechenland und Rom, Innsbruck ²2013.

NEWMYER, S. T., Plutarch on Justice Towards Animals. Ancient Insights on a Modern Debate, Scholia. Natal Studies in Classical Antiquity 1 (1992), 38-54.

NEWMYER, S. T., Plutarch on the Moral Grounds for Vegetarianism, The Classical Outlook 72 (1995), 41-43.

NEWMYER, S. T., Plutarch on the Treatment of Animals. The Argument from Marginal Cases, Between the Species 12, 1-2 (1996), 40-46.

NEWMYER, S. T., Just Beasts? Plutarch and Modern Science on the Sense of Fair Play in Animals, The Classical Outlook 74 (1997), 85-88.

NEWMYER, S. T., Ovid on the moral grounds for vegetarianism. In: Ovid. Werk und Wirkung. Festgabe für Michael von Albrecht zum 65. Geburtstag (hg. von W. SCHUBERT), Frankfurt am Main [u.a.] 1999 (Studien zur klassischen Philologie 100), 477-486.

NEWMYER, S. T., Animals, rights, and reason in Plutarch and modern ethics, New York [u.a.] 2006.

NEWMYER, S. T., Animals in Greek and Roman thought. A sourcebook, London [u.a.] 2011 (Routledge sourcebooks for the ancient world).

ORTOLEVA, V. / ROSARIA PETRINGA, M. (Hgg.), La Veterinaria antica e medievale. Testi Greci, Latini, Arabi e Romanzi Atti del II Convegno internazionale, Catania, 3-5 ottobre 2007, Lugano 2009 (Biblioteca di Sileno 2); Rez.: Wiener Studien 124 (2011), 306-312 (Sonja Schreiner).

OSBORNE, C., Dumb Beasts and Dead Philosophers. Humanity and the Humane in Ancient Philosophy and Literature, Oxford 2009.

RENEHAN, R., The Greek Anthropocentric View of Man, Harvard Studies in Classical Philology 85 (1981), 239-259.

SORABJI, R., Animal Minds and Human Morals. The Origins of the Western Debate, London ²1996.

Mittelalter & Neuzeit

ALAMICHEL, M. / BIDARD, J., Des animaux et des hommes, Paris 1998.

ALEXANDER, D., Saints and animals in the Middle Ages, Woodbridge / Rochester 2008.

ANNOSCIA, E., Gli animali e l'uomo nel Medioevo. Le conoscienze zoologiche dotte e popolari, Quaderni medievali 38 (1994), 86-105.

ANTI, E., Santi e animali nell'Italia Padana Secoli IV-XII, Bologna 1998 (Biblioteca di storia agraria medievale 15).

ARNOLD, R., Das Tier in der Weltgeschichte, Frankfurt am Main 1939.

AUDOIN-ROUZEAU, F., Bêtes médiévales et familiarité, Anthropozoologica 20 (1994), 11-40.

AUDOIN-ROUZEAU, F., Hommes et animaux en Europe de l'époque antique aux temps modernes, Paris 1993.

BAMBECK, M., Wiesel und Werwolf. Typologische Streifzüge durch das romanische Mittelalter, Stuttgart 1990.

BARAD, J., Aquinas on the Nature and Treatment of Animals, San Francisco [u.a.] 1996.

BENECKE, N., Archäozoologische Studien zur Entwicklung der Haustierhaltung in Mitteleuropa und Südskandinavien von den Anfängen bis zum ausgehenden Mittelalter, Weimar 1994.

BENECKE, N., Der Mensch und seine Haustiere. Die Geschichte einer jahrtausendealten Beziehung, Stuttgart 1994.

BENTON, J. B., The Medieval Menagerie. Animals in the Art of the Middle Ages, New York 1992.

BERLIOZ, J. / POLO DE BEAULIEU, M. (Hgg.), L'animal exemplaire au moyen Âge (V^e^-XVe siècles), Rennes 1999.

BERNHART, J., Heilige und Tiere, Weißenhorn 1997 (Erstauflage: München 1937).

BIANCHI, E., Uomini e animali visti dai padri della chiesa, Magnano 1997.

BICHON, J., L'animal dans la littérature française du XIIe et XIIIe s., Lille 1976.

BLANKENBURG, W. VON, Heilige und dämonische Tiere, Leipzig ²1975.

BLASCHITZ, G., Die Katze. In: BLASCHITZ, G. [u.a.] (Hgg.), Symbole des Alltags, Alltag der Symbole. Festschrift H. Kühnel, Graz 1992, 589-615.

BLASCHITZ, G., Der Mensch und seine Beziehung zu Hund und Katze, Beiträge zur Mittelalterarchäologie in Österreich 15 (1999), 273-304.

BOAS, G., Theriophily. In: WIENER, Ph. (Hg.), Dictionary of the History of Ideas IV, New York 1973, 384-389.

BOEHRER, B., The Cardinal's Parrot: A Natural History of Reformation Polemic, Genre 41 (2008), 1-37.

BOGLIONI, P., Il santo e gli animali nel alto medioevo. In: L'uomo di fronte al mondo animale nell'alto medioevo I. 7-13 aprile 1983, Spoleto 1985 (Settimane di studio del Centro Italiano di Studi sull'Alto Medioevo 31), 935-993.

BOUDET, J., L'homme et l'animal, cent mille ans de vie commune, Paris 1962.

BRACKERT, H. / KLEFFENS, C. VON, Von Hunden und Menschen. Geschichte einer Lebensgemeinschaft, München 1989.

BRANTZ, D. / MAUCH, C. (Hgg.), Tierische Geschichte. Die Beziehung von Mensch und Tier in der Kultur der Moderne, Paderborn [u.a.] 2010.

BRUNNER, K., Pferde und Pfauen. Tiere im Weltbild des ma. Menschen, Beiträge zur Mittelalterarchäologie in Österreich 15 (1999), 9-26.

CAPROTTI, E., Santi e animali nell'agiografia medievale. Analisi di un rapporto, Synesis 2 (1986), 85-98.

CARDINI, F., Francesco d'Assisi e gli animali, Studi francescani 78 (1981), 7-46.

CARREGA, A. / NAVONE, P. (Hgg.), Le proprietà degli animali, Genova 1983.

CHARBONNEAU-LASSAY, L., Il bestiario del Cristo, Roma 1994.

CIZEWSKI, W., Beauty and the Beasts. Allegorical zoology in twelfth-century hexaemeral literature. In: WESTRA, H. (Hg.), From Athens to Chartres, Leiden 1992, 289-300.

CLARK, K., Animals and Men, London 1977.

CLARK, W. B. / MUNN, M. T. (Hgg.), Beasts and Birds of the Middle Ages. The Bestiary and its Legacy, Philadelphia 1989.

CLASSEN, A., Dogs as Messengers, Carriers of Text, Protectors, and Drugs in Courtly Life and Literature. In: HARTMANN, S. (Hg.), Medieval Fauna and Flora, Frankfurt am Main 2007 (Beihefte zur Mediaevistik 8), 67-86.

CLUTTON-BROCK, J., Domesticated Animals from Early Times, Austin 1981.

DE WAAL, E. / WADDELL, H. (Hgg.), Beasts and Saints, London 1995.

DENT, A., Das Pferd. Fünftausend Jahre seiner Geschichte, Berlin 1975.

DINZELBACHER, P. (Hg.), Mensch und Tier in der Geschichte Europas, Stuttgart 2000.

DINZELBACHER, P., Das fremde Mittelalter. Gottesurteil und Tierprozess, Essen 2006.

DONATUS, M., Beasts and Birds in the Lives of Early Irish Saints, Diss. Philadelphia 1934.

DOTZLER, A., Die Tiere in der christlichen Legende, Regensburg ^{2}1901.

DURAND, R. (Hg.), L'homme, l'animal domestique et l'environnement du Moyen Age au XVIIIe s., Nantes 1993.

DUVE, K. / VÖLKER, Th., Lexikon berühmter Tiere, Frankfurt am Main 1997 = Lexikon der berühmten Tiere. Von Alf und Donald Duck bis Pu der Bär und Ledas Schwan, München 1999.

ELLIOTT, A., Roads to paradise, Hanover / London 1987.

ERTZDORFF, X. VON (Hg.), Die Romane von dem Ritter mit dem Löwen, Amsterdam 1994.

EVANS, E. P., Animal Symbolism in ecclesiastical Architecture, London 1895.

EVELINA, M. C., Il posto degli animali nel pensiero umano, Milano 1914.

FALSETT, H.-J., Irische Heilige und Tiere in mittelalterlichen lateinischen Legenden, Diss. Bonn 1960.

FLORES, N. C. (Hg.), Animals in the Middle Ages, New York 1996.

FRANZ, L., Wahre Wunder. Tiere als Funktions- und Bedeutungsträger in mittelalterlichen Gründungslegenden, Heidelberg 2011 (Beiträge zur älteren Literaturgeschichte; zugl.: Diss. Mainz 2009).

FREWEIN, J. (Hg.), Das Tier in der menschlichen Kultur, Zürich 1983.

FRIEDMAN, H., A Bestiary for St. Jerome. Animal Symbolism in European Religious Art, Washington 1980.

GERHARDT, M., Zoologie médiévale, Miscellanea mediaevalia 7 (1970), 231-248.

GNÄDINGER, L., Hiudan und Petitcreiu. Gestalt und Figur des Hundes in der mittelalterlichen Tristandichtung, Zürich 1971.

GRANT, R., Early Christians and animals. London [u.a.] 1999.

HARRER, F. / GRAF, G., Tierschutz und Recht, Wien 1994.

HARTMANN, S. (Hg.), Fauna and Flora in the Middle Ages. Studies of the Medieval Environment and its Impact on the Human Mind. Papers Delivered at the International Medieval Congress, Leeds, in 2000, 2001 and 2002, Frankfurt am Main [u.a.] 2007 (Beihefte zur Mediaevistik 8).

HARWOOD, D., Love for Animals and How It Developed in Great Britain, New York 1928.

HASSIG, D., Beauty in the Beasts. A Study of Medieval Aesthetics, Res, Anthropology and Aesthetics 19/20 (1990/91), 137-161.

HASSIG, D., Medieval Bestiaries. Text, Image, Ideology, Cambridge 1995.

HENSCHEID, E., Welche Tiere und warum das Himmelreich erlangen können, Stuttgart 1995.

HERZOG, U., Der Heilige und die Tiere in der mittelalterlichen Legende. In: BURGER, H. [u.a.] (Hgg.), Verborum amor. Studien zur Geschichte und Kunst der deutschen Sprache. Festschrift für Stefan Sonderegger zum 65. Geburtstag, Berlin 1992, 249-263.

HILDEGARD VON BINGEN. Das Buch von den Tieren. Nach den Quellen übersetzt und erläutert von Peter Riethe, Salzburg 1996.

HONEGGER, Th. / ROHR, W. G., Tier und Religion, Berlin 2007 (Das Mittelalter 12, 2).

HOUWEN, L. (Hg.), Animals and the Symbolic in Medieval Art and Literature, Groningen 1997.

HUHN, V., Löwe und Hund als Symbole des Rechts, Mainfränkisches Jahrbuch für Geschichte und Kunst 7 (1955), 1-63.

JAUSS, H. R., Untersuchungen zur mittelalterlichen Tierdichtung, Tübingen 1959.

JONIN, P., Les animaux et leur vie psychologique dans le Roman de Renart (br. I), Annales de la Faculté des lettres d'Aix 25 (1951), 63-82.

JUNGE, L., Die Tierlegenden des hl. Franz von Assisi, Leipzig 1932.

KAUFMANN, A., Ueber Thierliebhaberei im Mittelalter, Historisches Jahrbuch 5 (1884), 399-423.

KLINGENDER, F., Animals in Art and Thought to the End of the Middle Age, Cambridge / Massachusetts 1971.

KOMPATSCHER, G., Heilige und Tiere, Lateinforum 59 (2006), 1-24.

KOMPATSCHER, G., Freundschaft mit Tieren im Mittelalter, Lateinforum 65 (2008), 14-32.

KOMPATSCHER, G. / CLASSEN, A. / DINZELBACHER, P., Tiere als Freunde im Mittelalter. Eine Anthologie, Badenweiler 2010.

KRAUSE, B., Die Jagd als Lebensform und höfisches ‚spil', Stuttgart 1997.

LAUZI, E., Il Destino degli animali. Aspetti delle tradizioni culturali araba e occidentale nel Medio Evo, Firenze 2012 (Micrologus' Library 44).

LECLERC DE BUFFON, G.-L., Allgemeine Naturgeschichte, Neu-Isenburg 2008; Lizenzausg. Zweitausendeins, Frankfurt am Main 2008.

LINDGREN, U., Narren und Tiere. Über das Verhältnis der Menschen zur vernunftlosen Kreatur, Sudhoffs Archiv 60 (1976), 271-287.

LINZEY, A., Animal Theology, Urbana 1995.

LINZEY, A., Regan, T., Animals and Christianity, New York 1988.

LINZEY, A. / YAMAMOTO, D., Animals on the Agenda. Questions about Animals for Theology and Ethics, Urbana / Chicago 1998.

L'UOMO DI FRONTE AL MONDO ANIMALE NELL'ALTO MEDIOEVO. 7-13 aprile 1983, Spoleto 1985 (Settimane di studio del Centro Italiano di Studi sull'Alto Medioevo 31).

LUTTERBACH, H., Was das christliche Mönchtum mit der neutestamentlichen Indifferenz gegenüber dem Fleischverzehr anfing, Biblisches Forum 2 (2000), 120-135.

MARTIN PASCUAL, L., La tradición animalistica en la literatura catalana medieval, Alicante 1996.

MAZZUCCO, C., Gli animali in alcune vite di monaci, Quaderni del Dipartimento di Filologia, Linguistica e Tradizione classica 'Augusto Rostagni' N.S. 2 (2003), 233-255.

MEYER, H., Der Mensch und das Tier, München 1975.

MEYER, R., Vom Umgang mit Tieren. Geschichte einer Nachbarschaft, Jena 1990.

MONTANARI, M., Uomini e orsi nelle fonti agiografiche dell'alto medioevo. In: ANDREOLLI, B. / MONTANARI, M. (Hgg.), Il bosco nel medioevo, Bologna 1988, 55-72 = BLASCHITZ, G. [u.a.] (Hgg.), Symbole des Alltags, Alltag der Symbole. Festschrift H. Kühnel, Graz 1992, 571-587.

MORPHY, H. (Hg.), Animals into Art, London 1989.

MÜNCH, P. (Hg.), Tiere und Menschen. Geschichte und Aktualität eines prekären Verhältnisses, Paderborn 1998.

NICOLAUS, J. R., Uomo-animale-natura nell'evolversi dei secoli, Atti della Accademia Pontaniana Napoli N.S. 43 (1994), 55-96.

NIDERST, A. (Hg.), L'animalité. Hommes et animaux dans la littérature française, Tübingen 1994.

NITSCHKE, A., Tiere und Heilige. Beobachtungen zu Ursprung und Wandel menschlichen Verhaltens. In: NITSCHKE, A., Fremde Wirklichkeiten II. Dynamik der Natur und Bewegungen des Menschen, Goldbach 1995 (Bibliotheca eruditorum 12), 99-137.

OBERMAIER, S. (Hg.), Tiere und Fabelwesen im Mittelalter, Berlin 2009.

OBERMAIER, S., „Der fremde Freund". Tier-Mensch-Beziehungen in der mittelhochdeutschen Epik. In: KRIEGER, G., Verwandtschaft, Freundschaft, Bruderschaft. Soziale Lebens- und Kommunikationsformen im Mittelalter, Berlin 2009, 343-362.

OESER, E., Katze und Mensch. Die Geschichte einer Beziehung, Darmstadt 2005.

PARAVICINI BAGLIANI, A. / LEONARDI, C., Il mondo animale e la società degli uomini / The World of Animals and Human Society, Firenze 2000 (Micrologus 8).

PASSMORE, J., The Treatment of Animals, Journal of the History of Ideas 36 (1975), 195-218.

PAUL, M., Fuchs und Hund bei den Germanen, Wien 1981.

PAYNE, A., Medieval Beasts, London, New York 1990.

PENCO, G., Il simbolismo animalesimo nella letteratura monastica, Studia monastica 6 (1964), 7-38.

PENCO, G., L'amicizia con gli animali, Vita monastica 17 (1963), 3-10.
PÖPPINGHEGE, R. (Hg.), Tiere im Krieg. Von der Antike bis zur Gegenwart, Paderborn [u.a.] 2009.
REIDT, J. P., Die Heiligen und die Tierwelt, Dülmen 1902.
REINLE, A., Die Tiere der Heiligen, Unsere Kunstdenkmäler 40 (1989), 420-433.
RESL, B., A cultural history of animals in the medieval age Oxford [u.a.] 2007 (A cultural history of animals 2).
ROWLAND, B., Blind Beasts. Chaucer's Animal World, Kent 1971.
ROWLAND, B., Animals with Human Faces. A Guide to Animal Symbolism, Knoxville / Tennessee [2]1975.
ROWLAND, B., Birds with Human Souls. A Guide to Bird Symbolism, Knoxville / Tennessee 1978.
RUDOLPH, E., Schulderlebnis und Entschuldigung im Bereich säkularer Tiertötung, Bern 1972.
SALISBURY, J. (Hg.), The Medieval World of Nature, New York 1993.
SALISBURY, J., The Beast Within. Animals in the Middle Ages, New York 1994.
SALTER, D., Holy and Noble Beasts. Encounters with Animals in Medieval Literature, Cambridge 2001.
SCHNEIDER, M., Das Notariat der Hunde. Eine literaturwissenschaftliche Kynologie. In: EKE, N. O. / GEULEN, E. (Hgg.), Texte, Tiere, Spuren, Zeitschrift für deutsche Philologie 126 (2007) [Sonderband], 4-27.
SCHÜTT, H. P., Die Vernunft der Tiere. Essays europäischer Denker von Plato bis Schopenhauer, Frankfurt am Main 1990 (Exkursionen 2).
SCHWAB, U. (Hg.), Das Tier in der Dichtung, Heidelberg 1970.
SCHWEITZER, A. / GRÄSSER, E., Ehrfurcht vor den Tieren, München 2006.
SIMPSON, J. R., Animal Body, Literary Corpus. The Old French Roman de Renart, Amsterdam 1996.
SKRIVER, C., Der Verrat der Kirchen an den Tieren, München 1967.
SPENCER, C., The Heretic's Feast. A History of Vegetarianism, London 1993.
SPEYER, W., Hat das Christentum das heutige Elend von Natur und Mensch mitverursacht?, Zeitschrift für Ganzheitsforschung 32 (1988), 3-17.
SUUTALA, M., Tier und Mensch im Denken der Deutschen Renaissance, Helsinki 1990.
SZABÓ, T., Die Kritik der Jagd – Von der Antike zum Mittelalter. In: RÖSENER, W. (Hg.), Jagd und höfische Kultur im Mittelalter, Göttingen 1997 (Veröffentlichungen des Max-Planck-Instituts für Geschichte 135), 189-191.
VERHEY, S., Ursprüngliche Unschuld. Franziskus von Assisi spricht mit den Vögeln und anderen Tieren, Wissenschaft und Weisheit 42 (1979), 97-106.
VOISENET, J., Bêtes et Hommes dans le monde médiévale, Turnhout 2000.
WACHA, G., Tiere und Tierhaltung in der Stadt sowie im Wohnbereich des spätmittelalterlichen Menschen, Sitzungsberichte der ÖAW, phil.-hist. Kl. 325 (1980), 229-260.
WALKER-MEIKLE, K., Medieval Cats, London 2011.
WALKER-MEIKLE, K., Medieval Pets, Woodbridge 2012.

WEISE, A., Die Bedeutung der Tiere für die Verehrung franziskanischer Heiliger. In: AVERKORN, R. [u.a.] (Hgg.), Europa und die Welt in der Geschichte, Bochum 2004, 175-189.

WENDT, H., Die Entdeckung der Tiere, München 1980.

ZIOLKOWSKI, J., Talking Animals. Medieval Latin Beast Poetry, 750-1150, Philadelphia 1993.

❧ LIBELLUS EXPLICIT FELICITER ❧